新时代大学生美好生活观培育研究

谢 媛◎著

本书立足于新时代背景,
深入探讨了大学生美好生活观的培育问题。

- 理论探讨
- 现状分析
- 文化融入
- 实践路径

中南大学出版社
www.csupress.com.cn

长沙

图书在版编目(CIP)数据

新时代大学生美好生活观培育研究 / 谢媛著. --长沙:
中南大学出版社,2025.3. --ISBN 978-7-5487-6174-7

Ⅰ. G641

中国国家版本馆 CIP 数据核字第 2025166YC8 号

新时代大学生美好生活观培育研究
XINSHIDAI DAXUESHENG MEIHAO SHENGHUOGUAN PEIYU YANJIU

谢媛 著

□出 版 人 林绵优

□责任编辑 刘 莉

□责任印制 唐 曦

□出版发行 中南大学出版社

 社址:长沙市麓山南路 邮编:410083

 发行科电话:0731-88876770 传真:0731-88710482

□印 装 广东虎彩云印刷有限公司

□开 本 710 mm×1000 mm 1/16 □印张 11.75 □字数 205 千字

□版 次 2025 年 3 月第 1 版 □印次 2025 年 3 月第 1 次印刷

□书 号 ISBN 978-7-5487-6174-7

□定 价 48.00 元

图书出现印装问题,请与经销商调换

前 言

Foreword

　　人民对美好生活的向往是新时代党和国家的奋斗目标，是党和国家坚持以人民为中心的价值追求。2012年11月15日，习近平总书记首次提出："人民对美好生活的向往，就是我们的奋斗目标。"2017年，党的十九大报告明确指出："中国特色社会主义进入新时代，我国社会主要矛盾已经转化为人民日益增长的美好生活需要和不平衡不充分的发展之间的矛盾。"由此可见，在物质基础相对富足的情况之下，人民对美好生活的向往不仅仅是物质层面的，在一定程度上，更体现为一种精神层面的追求。

　　21世纪，人类社会已进入数智时代。随着网络信息技术的普及化、人工智能技术在日常生活中的大众化、自媒体技术的运用，加之西方价值观念的渗透、各种非主流思想的传播，给青年大学生的生活带来了一系列不利影响。这些负面因素，不仅仅影响大学生健康成长，也为国家长治久安、经济社会发展带来不利因素，增加国家治理和社会运营成本。面对这些问题，如何科学引导大学生培养美好生活观，成为中国特色社会主义事业的可靠建设者和接班人，是新时代要面对的重要问题。

　　本书共分为七章。分别从国内和国外两个方面，分析了新时代大学生美好生活观培育的现状及现实意义，提出了研究大学生美好生活观培育的方法和路径。从历史逻辑、时间维度，深入了解不同历史时期人民对美好生活的物质追求和价值定位，特别是对中国特色社会主义进入新时代以来，社会状况、人民生活和精神面貌发生的重大变化进行了深入研究和阐述，为研究新时代大学生美好生活观培育工作提供了详细数据。本书从物质层面、精神层面和制度层面，对新时代大学生美好生活观的内涵进行了深入研究，分析了当前网络信息的普及、自媒体技术运用、西方国家价值观的渗透以及社会机制的不完善，对大学生美好生活观培育带来的不利影响。

中华优秀传统文化是中华文明的智慧结晶和精华所在，是中华民族的根和魂，塑造了中华文明的连续性、创新性、统一性、包容性与和平性，反映了中华民族独特的精神世界和价值追求，为广大人民群众认识世界、改造世界提供了借鉴与启示，是中国共产党创新理论之根。新时代大学生美好生活观的培育，要充分发挥中华优秀传统文化在大学生成长成才中的积极作用。本书从国家层面、社会层面、家庭层面和个人层面四个价值维度，设计了大学生美好生活观培育的技术路线。高校是大学生成长成才的重要场所，大学生活也是大学生人生观、价值观形成的重要时期。大学生美好生活观培育可从思政理论课、课程思政、校园文化建设以及大学生社会实践活动四个维度设计好实践路径。

本书是笔者在读博士期间的重要研究成果，在撰写过程中，得到了导师张卫良教授的指导，还得到了许多老师、同学的帮助和支持，在此一并表示感谢。

目 录

Contents

第一章　绪　论　　　　　　　　　　　　　　　　　　　　　　　/ 1

　　第一节　研究背景　　　　　　　　　　　　　　　　　　　　　/ 1

　　第二节　国内外研究现状　　　　　　　　　　　　　　　　　　/ 7

　　第三节　研究意义　　　　　　　　　　　　　　　　　　　　　/ 25

　　第四节　研究方法　　　　　　　　　　　　　　　　　　　　　/ 27

第二章　新时代大学生美好生活观的内涵　　　　　　　　　　　/ 29

　　第一节　社会主要矛盾变化与大学生美好生活追求的多样化　　/ 29

　　第二节　新时代大学生美好生活观的内涵　　　　　　　　　　/ 34

　　第三节　新时代大学生美好生活观的特征　　　　　　　　　　/ 41

第三章　美好生活观形成的历史维度　　　　　　　　　　　　　/ 49

　　第一节　中国共产党成立至新中国成立的美好生活观　　　　　/ 49

　　第二节　新中国成立至改革开放时期的美好生活观　　　　　　/ 58

　　第三节　改革开放至党的十八大召开之前的美好生活观　　　　/ 66

　　第四节　党的十八大以来的美好生活观　　　　　　　　　　　/ 75

第四章　新时代大学生美好生活观培育面临的问题 ／83

第一节　网络自媒体的影响 ／83

第二节　西方价值观对大学生美好生活观培育的影响 ／90

第三节　美好生活观引导机制的不健全 ／104

第五章　中华优秀传统文化对大学生美好生活观培育的积极影响 ／111

第一节　习近平关于中华优秀传统文化的重要论述 ／112

第二节　中华优秀传统文化中关于美好生活观的阐述 ／120

第三节　中华优秀传统文化对于新时代大学生美好生活观培育的
现实意义 ／129

第六章　新时代大学生美好生活观培育的价值维度 ／135

第一节　中华民族伟大复兴是大学生美好生活观培育的国家维度 ／135

第二节　构建和谐社会是大学生美好生活观培育的社会维度 ／142

第三节　自由全面发展是大学生美好生活观培育的个人维度 ／149

第七章　新时代大学生美好生活观培育的路径 ／157

第一节　以思政课程建设为平台夯实新时代大学生美好生活观培育的
价值引领 ／157

第二节　以课程思政建设为抓手加强新时代大学生美好生活观培育的
思想引领 ／164

第三节　以校园文化建设为载体实现新时代大学生美好生活观培育的
文化引领 ／170

第四节　以社会实践活动为支撑强化新时代大学生美好生活观培育的
实践引领 ／175

部分参考文献 ／182

第一章
绪　论

第一节　研究背景

中国特色社会主义进入新时代，我国社会主要矛盾已经转化为人民日益增长的美好生活需要和不平衡不充分的发展之间的矛盾。人们对物质需求的满足已经达到了一个新的高度，对"美好生活"有了更高的期望，更加重视精神层次上的需求。大学生作为年轻一代的核心力量，他们是肩负着时代使命和民族未来发展希望的青年人，不仅要寻求满足人生需求的物质保障，还要追求更高的精神需求来实现自己的价值。然而，在现实生活中，西方价值观、自媒体等因素塑造的"美好生活"极具虚假性和误导性，致使一些大学生对美好生活的本质感到迷茫，甚至出现认知上的偏差。由此可见，关于新时代大学生美好生活观及其培育的问题，是思想政治教育实践中一个极为重要的议题，需要充分发挥思想政治教育的育人功能，不断探索挖掘、引导大学生树立正确的美好生活观，进而促进大学生的全面发展。

一、社会主义进入新时代

人民对美好生活的向往是新时代党和国家的奋斗目标，是党和国家坚持以人民为中心的价值追求。2012 年 11 月 15 日，习近平总书记首次提出："人民对美好生活的向往，就是我们的奋斗目标。"①党的十九大报告明确指出："中国特色社会主义进入新时代，我国社会主要矛盾已经转化为人民日益增长的美好生活需要和不平衡不充分的发展之间的矛盾。"②十九大报告14次提及了"美好生活"，新时期的社会主要矛盾的变化是关系全局的根本性的变化。党的二十大报告指出："必须坚持在发展中保障和改善民生，鼓励共同奋斗创造美好生活，不断实现人民对美好生活的向往。"③充分体现了以习近平同志为核心的党中央始终坚持以人民为中心，顺应人民群众对美好生活的追求，坚持为人民服务，为人民谋福利。正如习近平总书记指出："我们的人民热爱生活，期盼有更好的教育、更稳定的工作、更满意的收入、更可靠的社会保障、更高水平的医疗卫生服务、更舒适的居住条件、更优美的环境，期盼着孩子们能成长得更好、工作得更好、生活得更好。人民对美好生活的向往，就是我们的奋斗目标。"④不同阶层、不同群体甚至不同个人对美好生活有着不同的认识，这就要求思想政治教育在意识形态和价值观方面进行引导。青年一代是中国特色社会主义的建设者和接班人，他们的价值观将直接影响到整个社会的价值观，因此，如何对美好生活需要进行准确的把握，就显得尤为重要。

二、自媒体的影响

在"万物皆可听"的网络自媒体时代，舆论生态、媒介形态、传播模式等都发生了巨大的变革。传统媒体更多的是以单一核心的形式输出信息，而信息输出者掌握着更大的话语主导权，主流媒体或者思想政治工作者等可以将信息传播的主动权牢牢地掌握在手中，从而成为社会主义核心价值观的传播与宣传的主力军。人们可以通过微博、贴吧、短视频等新兴的互联网媒体平台来表达自己的观点，与别人进行沟通与互动。但是，随着自媒体的兴起与流行，信息输出从"单核"走向"多核"，自媒体以其自主化、多元化、个人化、大众化、碎片化、即时性等特征，输出的信息更加大众化、趣味化、便捷化、生活化，符合年

---

① 十八大以来重要文献选编(中)[M].北京：中央文献出版社，2014：70.

② 习近平.决胜全面建成小康社会 夺取新时代中国特色社会主义伟大胜利——在中国共产党第十九次全国代表大会上的报告[M].北京：人民出版社，2017.

③ 习近平.高举中国特色社会主义伟大旗帜 为全面建设社会主义现代化国家而团结奋斗[N].人民日报，2022-10-26(1).

④ 习近平.在新一届中央政治局常委同中外记者见面会上的讲话[N].人民日报，2012-11-06(1).

轻人的语言习惯与心理需要，吸引了大学生的眼球。目前的网络媒体平台上所传递的信息却是参差不齐，既有积极健康的思想理念和价值观念，又有低俗、媚俗的信息，还有一些错误的思潮和反动言论。大学生正处在世界观、价值观、人生观形成的重要时期，处在一个思想情感不稳定的时期，他们对社会问题的理解还不够透彻，很难抓住社会现象的本质，容易被一些错误的思想所侵蚀和干扰，从而形成错误的价值观。在这种情况下，大学生就会对社会认同产生怀疑，并将大学的社会认同教育误以为是进行思想政治教育，导致对社会认同教育的忽视与反感，从而使其很难实现自己的社会认同构建，从而在某种程度上弱化了社会主义核心价值观的引领力和感召力。

(一) 自媒体的信息参差不齐影响了大学生健康发展

随着互联网技术的发展，自媒体上各种类型的信息层出不穷，给大学生带来了极大的快乐，但也给他们带来了一些负面的信息，给他们的身心带来了很大的负面影响。大学生是互联网媒体平台的主体，过分依赖自媒体会打乱大学生原有的生活和学习状况，从而引发人际关系、心理健康等方面的问题。在自媒体时代，网络已经变成了人对自己进行"美化"和"隐蔽"的一种方式，使人可以从网络中得到某种程度的满足。有的大学生"自我"的发展与现实"自我"的发展状态形成了鲜明的反差，甚至将自己和现实隔绝开来，沉浸于虚拟的世界，造成自我封闭、自我隔离的厌世负面心理，最后虚度光阴，失去自我，对身心发展产生了严重的不良心理影响。与此同时，在自媒体的信息片面化和碎片化的传播中，一些学生在适应了碎片化的阅读模式之后，他们的思想就会呈现出一种非线性的状态，形成了一种在网上搜索答案不愿意进行深度思考的习惯，弱化了独立思考的能力，专注力也不断地下降。网络暴力、谣言传播、网络攻击等问题在网络环境下频繁出现，严重影响了大学生的基本价值取向与价值观，影响了他们的健康成长。

(二) 自媒体的逐利性冲击了主流价值观念

自媒体顺应了公众对虚拟领域的需要，但在载体运作中易受商业资本操纵，"一些主流商务自媒体或多或少被外资、民营资本所掌控"①。一方面，自

---

① 聂智.自媒体中主流意识形态话语权的挑战与应对[J].思想政治教育研究，2020，36(1)：43-48.

媒体为追逐流量,"博眼球""买热搜",将经济利益放在首位,而将政治与社会价值放在了次要位置。资本是控制舆论的主要力量,从幕后操纵舆论,网络上充斥的拜金主义、享乐主义、娱乐至上等不良思想,不仅会对大学生的政治信念产生影响,也会使他们对思想政治教育课程中的艰苦奋斗精神、勤俭节约精神产生怀疑。目前,部分大学生整天无所事事,沉浸在不切实际的虚幻的幻想中,"躺平""佛系"等现象已经在大学生中蔓延开来,缺乏斗志。另一方面,在互联网的快速发展和经济全球化的背景下,某些别有用心的人利用各种媒体平台,散布各种恶意中伤和攻击我们的社会主义事业的谣言。由于大学生的心理发育不完善,缺乏鉴别力,他们更易被不良信息所感染,致使他们无法真正地践行社会主义核心价值观,从而迷失了自己的世界观、人生观和价值观,有的还会落入不法分子的圈套。这种错误价值观的蔓延,弱化了主流价值观的积极作用,对社会的发展产生了消极的影响,对主流价值观造成了一定的冲击。

(三)自媒体的营销战略引发了大学生非理性消费

自媒体平台上的信息通常都是以即时性和热点为中心的,为了获得更多的市场份额,它们不停地使用自媒体营销账户更新自己的营销战略,对大学生进行引导。有的大学生进入大学后,为保持自己在同学们心中的地位,花费大量金钱购买名牌商品来包装自己,这一与家庭实际购买力脱节的"非理性"表现,反映了有的当代大学生思想浮躁、不平衡的社会现实,也体现了有的当代大学生"自我"价值观的缺失。一些大学生被"网红"的营销所误导,他们可能是在某个时候通过社交媒体获得了某种即时满足感,从而购买一些自己并不需要的东西,忽略了长期的消费规划和理财意识,也忽略了对商品的实际需求和性价比,导致了盲目、非理性消费。甚至有些商家的目标人群就是大学生,再加上一些大学生有攀比的心理,一些放贷机构以网络金融和自媒体为依托,开始向大学生进军,通过 P2P 贷款、校园分期购物等各种形式为大学生购物提供方便。大学生因还贷不上而跳楼,"裸条贷"等事件层出不穷,这充分反映了一些大学生的非理性消费价值观。

三、西方价值观的影响

随着经济全球化的发展,信息技术的飞速发展,加上我国的改革开放,过去的文化交流的障碍被打破,信息传播的载体得到了极大的提高。其中,有优秀资源可加以利用，但同时也混杂着腐朽堕落的内容。这种不良的观念，通常都是经过精心时髦的包装，给没有经验的大学生增加了选择的困难。部分大学生对社会主义核心价值观的认同产生了动摇，特别是当他们亲身感受到了西方的物质繁荣，更是产生了一种对"普世价值"等错误西方价值观念的崇拜。这一现象对当代大学生产生了深远的负面影响，其主要表现在以下几个方面：

(一)民主社会主义思潮易动摇大学生的马克思主义信仰

民主社会主义裹着"社会主义"和马克思主义的外衣，反对无产阶级革命，其实质仍然是一种资本主义的自由和民主。我们要承认社会意识的多元性，承认各国思想文化的相互吸收和融合，提倡"百花齐放、百家争鸣"，但是，这并不是要废除和弱化马克思主义的主导地位。西方社会思潮宣扬"马克思主义过时论""多元化指导思想""意识形态多元化"等错误言论，以民主、自由、人权等为借口，对意识形态进行全方位的渗透，试图否认马克思主义的灵魂地位，引起了学生思想上的困惑，导致部分学生对马克思主义的科学性产生了质疑，从而出现了信仰多元化的倾向。为此，我们要从苏联的经验中汲取经验，掌握发展趋势，适时疏导，从而推动我国社会主义核心价值体系的构建。

(二)历史虚无主义思潮影响大学生对中国特色社会主义的信念

历史虚无主义"虚无"的是中国人民的革命运动、中国共产党的领导、马克思主义的指导、社会主义制度和人民民主专政，通过歪曲和颠倒历史来否认党的领导，否认社会主义制度。中国特色社会主义是我们共同的理想，是加速推进社会主义现代化建设，实现中华民族伟大复兴的必由之路。但是，伴随着我国经济体制改革的不断深化，一些社会矛盾与问题也逐渐显露。在这样的背景下，历史虚无主义社会思潮乘虚而入，把历史的某些部分提取出来，对其进行片面的歪曲、否定和虚无，让学生们怀疑自己自幼所受的历史教育，怀疑近代中国选择马克思主义、选择共产党、选择社会主义的正确性，从而消解国家认同感，破坏以爱国主义为核心的民族精神。高校学生的社会主义理想信念被弱化，使他们对中国特色社会主义道路产生了更多的迷惑与疑问。由于受到历史虚无主义的误导，一些大学生对中国特色社会主义的道路缺乏自信，并坚信中国应当走民主社会主义的道路，这一模糊的、困惑的态度，直接影响了他们的信念，也阻碍了他们实现中华民族的伟大复兴和共产主义的理想。

(三)新自由主义思潮导致大学生价值取向发生偏移

新自由主义思潮倡导的个人主义、自由至上的思想,将个人主义、拜金主义、功利主义等资本主义思想灌输到大学生的思想中,导致一些学生一味地追求自己的发展,损人利己,自由放纵,形成了一种反集体主义的风气,对学生之间的关系漠不关心,对集体参与的意识淡薄,甚至把报效祖国、服务社会看成是一种唱高调、走形式、虚假的表现,而以他人为重、奉献精神等传统美德却被忽视了。这就造成了大学生原来的价值取向失衡,以及国家、集体与个体之间的关系出现了错位与扭曲。大学生的价值取向偏向于金钱至上,这就不可避免地导致了他们的功利行为,其主要表现在以下几方面:

一是学习上存在着错位。从学习的角度来看,他们不愿意当书呆子,尤其注重课程和知识的实用性,对与现实经济效益密切相关的知识和技术感兴趣。追求学有所用,这本是大学生务实的一种体现。但是,过分注重实际且功利的学习态度,导致一些学生在学习中对理论的重视程度较低,在理论课上也不愿意花大量的时间和精力。受此思潮的影响,作弊、代写甚至代考等各种违规违纪甚至违法行为频频发生。

二是人际关系上庸俗化。一些大学生将经济生活中的等价交换原理移植到人际关系中,在谈友谊的同时,也更加重视经济、兴趣等方面。有的大学生以赚钱为主要目标,而当目标达成或不能达成时,这种关系也随之瓦解。有的大学生则以金钱为纽带,人际关系演变为金钱关系。比如,一些大学生在过生日的时候,互送生日礼物聊表心意,这本是一种正常的礼尚往来的方式。但是现在,礼物的价值贵贱被"物化"了,被用来评判人与人之间的亲疏远近。学校教师与学生之间,也由于一些考试成绩、毕业分配等现实问题,逐渐世俗化,使得学生与老师之间的纯朴感情受到一定的影响。

三是职业选择上功利化。很多大学生在择业时,并没有考虑把自己的专业、自己的兴趣专长,以及祖国和社会的发展等放在第一位,相反,他们更倾向于对职业的物质价值的选择,如工资、福利、待遇等,"进富处、进强处"就成了部分大学生择业的唯一价值观,却忽略了对职业的社会价值的关注。

显然,西方的社会思潮在腐蚀大学生的精神、意识和健康成长,导致他们中少数人的思维混乱,他们开始质疑自己的信仰,甚至将其彻底抛弃,转而提倡西化。尤其需要警惕的是,由于他们对社会的认知还不够深入,加上他们的自我调节能力很弱,很容易被西方社会的一些思潮所煽动和利用,导致他们做出一些过激的、非理性的行为,这就是一个潜在的不稳定因素。这一负面效应若经由大学生再向全社会蔓延,其后果将是难以想象的。

第二节　国内外研究现状

本书以"新时代大学生美好生活观培育"为主题,以"新时代"为研究对象的时序范围即以"十八大"之后为时间点,以"大学生"为研究对象的主体,从理论与实践两个维度,对新时代的大学生美好生活观的构建进行探索。为此,本书对国内外学者的有关研究进行了系统的梳理,并根据本书的需求展开论述、分析与评估,为进一步深入研究美好生活观奠定理论基础。

一、国内研究现状

国内学术界对于"大学生美好生活观"的关注度较高,以"美好生活观"为书名通过读秀学术高级检索,找到相关著作 4 本:2022 年李国娟编的《美好生活面面观》,2022 年毛华兵、孟桢著的《马克思主义自然观与美好生活》,2021 年肖冬梅著的《马克思美好生活观及其当代启示》和 2019 年李良荣、郑雯等著的《"新时代、新期待"中国人民美好生活观调查报告》。以"大学生美好生活观"为检索词,在中国知网能查阅到 75 条相关文献数据,其中,期刊 33 篇,硕士/博士学位论文 32 篇,且关注度仍呈上升趋势。学术界围绕着这一主题,结合思想政治教育、社会主义核心价值观、心理学、劳动教育等视域切入的研究较多,但与"新时代大学生美好生活观培育"相结合的研究成果较少。从整体趋势来看,学术界对大学生美好生活观这一主题的研究正在不断深化,具有较大的研究空间。直接与本书相关的研究成果主要分为三大类:

(一)关于新时代美好生活观理论阐释的研究

新时代美好生活观就是马克思生活观在中国新的历史发展阶段的具体体现与崭新形式,因此,我们不应将"美好生活"仅仅停留在一个特定的时间段,而要将其深刻内涵与马克思生活观的发展过程联系起来加以把握。从总体上看,党的十八大以前,学术界对美好生活观的研究很少,党的十八大以后,逐渐被提上日程,党的十九大以后,它与新时代的发展有了密切的联系,演变成了习近平美好生活观或者新时代美好生活观之类的概念。国内学者对美好生活的生成进路、内在意蕴、实践新进路等基本问题进行了深入探讨。

第一,关于新时代美好生活观出场语境的研究。

在中国步入中国特色社会主义,全民生活质量不断提升的时代背景下,我国在新的时期内开始了对美好生活的追求,并把改善人民生活质量作为新的奋斗目标。张林通过对其语义渊源的考察,认为:"新时代的美好生活"这一命题,反映出了"物质与精神统一,理想与现实统一"的时代价值观。"美好"是对过去的回忆,是对现实的肯定和改进,是对未来的憧憬①。习近平总书记围绕"人民对美好生活的向往"的一系列讲话,深刻地体现了新时代的美好生活观,并以此为核心,构建了关于美好生活理念的理论体系。新时代的美好生活观蕴藏在习近平总书记围绕"人民对美好生活的向往"的一系列论述之中,已经初步形成围绕美好生活观概念进行阐释的理论体系。喻文德(2020)和李磊(2018)等学者分别从宏观和微观两个角度对习近平新时代中国特色社会主义思想进行了解读,并提出了美好生活的出场语境。项久雨(2021)、陈欣(2021)、于光胜(2022)、罗健(2021)、田鹏颖(2020)等学者,以中国共产党发展历史为视角,探讨"中国共产党发展的本质就是带领人民创造更好生活的奋斗历史"②。喻梦佳(2022)、甄晓英(2021)、郑金鹏(2020)从理论支持、历史语境和实践依据三个角度,深刻剖析了新时代"美好生活观"的生成逻辑。张彦(2018)认为,在新时代我们重提"美好生活",是对中国传统社会观念的一种新的时代诠释。③ 胡军良(2019)认为,美好生活的产生,是建立在人们的感性认识、活动和解放之上的,是人们始终在追求善德性生活的社会理念,来自人们始终对自由而全面发展的超越追求。④ 张懿(2018)认为,马克思生命观是实现美好生活的理论基础。⑤ 由此可以看出,"美好生活观"的出场语境,是基于人

① 张林.思想政治教育助益美好生活建设的逻辑理路[J].思想理论教育,2020(5):48-53.
② 陈欣,康秀云.中国共产党美好生活观演进的历程、价值取向与内在机理[J].广西社会科学,2021(9):52-58.
③ 张彦,郜凤芹.论新时代美好生活的选择悖论及其超越[J].思想理论教育,2018(6):24-30.
④ 胡军良.新时代"美好生活"的哲学逻辑:生成根基、观念认知、价值关怀[J].山东社会科学,2019(8):11-17.
⑤ 张懿.马克思生命观视域中理解"美好生活"的三个维度[J].思想教育研究,2018(1):42-46.

类对更好生活主题的追求，它产生于新时代社会的实际需求，符合中国社会发展的规律，符合新时代发展的要求，也包含着中国特色社会主义继续前进的力量。

第二，关于新时代美好生活观本质内涵的研究。

在哲学层次上，新时代的美好生活观是马克思生活哲学在中国的发展，王鹏（2022）、罗健（2021）、武素云（2018）等学者将新时代的美好生活观视为新时代的马克思主义生活观，对人的需要促进人自身、社会的物质和精神生产的发展进行了深入的研究。① 杨仁忠等（2022）认为，美好生活是合规律性和合目的性相统一的，是超越西方式现代化的生活方式。② 李双套（2020）认为，美好生活是人在不同的历史时期，主观经验与人的人生的客观状态的结合，是现实与理想的结合，也是人的需要被满足后的幸福感，以及人需要被满足后，又会有更高要求的价值理想。③ 王晓虹（2021）等学者从"五位一体"的整体布局出发，提出了"丰富而充裕的物质生活，在政治生活中自由平等，在精神生活上追求卓越，在社会生活中实现全面的共享，在生态生活中实现美好的生态生活"④。佟德志等（2019）立足于新时代我国社会主要矛盾，从党的十九大报告出发，认为美好生活分为两个部分，即物质文化生活的更高要求，民主、法治、公平、正义、安全、环境组成的要求。⑤ 欧阳康等提出新时代美好生活的内涵应当从美好生活理论话语的历史回溯、哲学探源、实践走向、新时代意蕴四个方面来阐释。⑥ 林红（2023）、沈斐（2018）、李志（2018）等提出，新时代的美好生活包括了个人发展和国家/社会发展两个层面，社会通过社区为个人潜力的实现创造了最大限度的环境，而个人则通过自己的潜力持续地给社会带来回报。⑦张三元

① 武素云，胡立法.人民美好生活需要的三重追问[J].思想理论教育导刊，2018(8)：8-12.

② 杨仁忠，李宗省.新时代"美好生活"的理论内涵、逻辑依据及实践要求[J].理论探讨，2022(4)：105-112.

③ 李双套.论实践式美好生活的构建[J].伦理学研究，2020(6)：68-74.

④ 王晓虹.新时代美好生活观的伦理价值解读[J].湖南行政学院学报，2021(4)：27-34.

⑤ 佟德志，刘琳.美好生活需要与中国社会主要矛盾的变迁分析：基于1990—2012年世界价值观调查（WVS）数据的分析[J].理论与改革，2019(2)：39-50.

⑥ 欧阳康，熊翔宇.新时代美好生活的本质要义、建构逻辑与实践方案[J].湖北社会科学，2019(5)：26-33.

⑦ 李志.中国式美好生活的哲学解读[J].吉林大学社会科学学报，2018(6)：141-147，207.

认为，"美好生活"是一种主观的心理感觉，是一种获得感、幸福感、尊严感的具体表现，而人生的价值与意义则是其最重要的内容。[①] 而程婧（2024）、邱耕田（2023）、武潇斐（2018）、吴晓飞（2018）等将美好生活定义为"物质"和"精神"的结合体。[②] 张怡丹（2020）、周梅玲（2021）提出，"新时代的美好生活理念是立足中国现代化进程和现实社会现实的一个整体范畴"[③]。马纯红（2019）、项久雨（2021）提出新时代的美好生活观是人民性的，它对人民在新时代的美好生活中的价值主体地位给予了充分肯定，因而新时代的美好生活也就具有了"共创共享"的特性。[④] 何星亮（2017）认为，物质需求、社会需求和心理需求是新时代人们对美好生活的需求。[⑤] 王存刚（2021）从国际视角出发，概括了国际美好生活应具有安全与和平、发展与繁荣、开放与联通、清洁与美丽、公平与正义、自由与和谐等六个层次的内涵。[⑥] 寇东亮（2018）从伦理学角度出发，认为美好生活是真、善、美及其统一，内蕴"自由"的逻辑。[⑦] 龚维斌（2019）从社会学角度出发，对美好生活的内涵从个体与整体、局部与整体、物质与精神、全面与重点以及近期与远期五个方面的关系进行了分析。[⑧]

第三，关于新时代美好生活观特征解读的研究。

林彦虎（2019）认为，人们对美好生活的要求不是固定不变的，它会随着各种需求因素的改变而发生变化。[⑨]张诚（2020）认为，不同主体对美好生活的需求有显著差异[⑩]。但是将"现实的人"作为新时代美好生活观特征的首要因素，在学术界已达成共识。许多学者都以人为主体，以人为中心，以人们所渴望的

[①] 张三元.论美好生活的价值逻辑与实践指引[J].马克思主义研究,2018(5)：83-92,160.

[②] 邱耕田,王丹.美好生活的哲学审视[J].北京大学学报(哲学社会科学版),2019,56(1)：20-27.

[③] 张怡丹.新时代美好生活观的总体性思想初探[J].厦门特区党校学报,2020(3)：19-25.

[④] 马纯红."美好生活"的理论基础、价值意蕴及其实践向度[J].湘潭大学学报(哲学社会科学版),2019,43(6)：151-152.

[⑤] 何星亮.满足人民日益增长的美好生活需要[J].人民论坛,2017(S2).

[⑥] 王存刚.国际政治视野下的美好生活：内涵与特征[J].西安交通大学学报(社会科学版),2021(2)：88-95.

[⑦] 寇东亮."美好生活"的自由逻辑[J].伦理学研究,2018(3)：10-16.

[⑧] 龚维斌.把握美好生活内涵的五个维度[J].中国党政干部论坛,2019(11)：13-17.

[⑨] 林彦虎.需要的本质与新时代人民美好生活需要的实现[J].内蒙古社会科学,2019,40(4)：8-14.

[⑩] 张诚.新时代"美好生活需要"内涵及满足路径探析：基于马克思需要理论的考察[J].南方论刊,2020(3)：4-7.

美好生活需要为中心,对美好生活进行多层次特征的阐释。张三元(2018)认为美好生活有"人民性""理想性""现实性""实践性"等四个方面鲜明的时代特征。① 田鹏颖等(2020)认为,从美好生活的动态演化角度来看,人们对美好生活的追求具有"高端性""全面性""动态性"和"差异化"四个方面的特征。② 罗健(2021)从党的初心和使命出发,认为新时代中国共产党人美好生活观彰显了"科学性和务实性、人民性和阶级性、实践性和创造性、时代性和开放性等鲜明的科学品格"③。洪大勇(2018)认为,美好生活是人民性与人本性、客观性与主观性、多样性与一致性、个体性与社会性等特征的集合。④ 刘志洪等(2022)提出,"新时代美好生活"具有 5 大基本特点:全面性、主体性、公共性、稳定性和发展性。⑤ 漆飞等(2018)从美学的视角出发,阐释了美好生活具有人民性、情感性和当代性。⑥ 在学术界,人们普遍认为,新时代的美好生活观具有的人民性、发展性、多样性、阶级性、全面性和实践性,全面把握其内涵实质和典型特征,是更好地开展新时期大学生对美好生活观的教育的一个重要前提。

(二)关于新时代大学生美好生活观理论阐释的研究

近几年来,对美好生活的研究逐步步入主题讨论的深化期,而高校大学生的美好生活理念和培养问题也越来越受到学界关注,但是目前的研究还比较薄弱,总体上还处于初级阶段。

第一,关于新时代大学生美好生活观的具体内涵。孟小军等(2019)把新时代年轻人对美好生活的看法划分为生存型、关系型和成长型三种类型,并提出"新时代年轻人最关心的美好生活是个体的健康状况、经济状况、家庭状况"⑦。

---

① 张三元.论美好生活的价值逻辑与实践指引[J].马克思主义研究,2018(5):83-92,160.
② 田鹏颖,田菁.动态演进视角下新时代人民美好生活的新特征、新要义[J].学习论坛,2020(6):5-11.
③ 罗健.新时代中国共产党人美好生活观的理论内涵及其科学品格[J].思想理论教育导刊,2021(2):33-39.
④ 洪大勇.美好生活的丰富内涵和实现之道[N].光明日报,2018-06-25(13).
⑤ 刘志洪,魏冠华.美好生活的本质规定与当代特质[J].马克思主义与现实,2022(1):41-49.
⑥ 漆飞,王大桥.人民性·情感性·当代性:"美好生活"的三个美学向度[J].民族艺术,2018(6):20-25.
⑦ 孟小军,严艳萍.新时代青年美好生活观的内涵、特点及影响因素[J].重庆大学学报(社会科学版),2019(12):1-12.

黄圣博(2022)从价值意义、发展意义和实际意义三个方面,将青年人看作"现实的人",并从当代情境中把握了"美好生活需求"的含义。① 喻梦佳等(2022)认为主要包括三个方面,即"美好生活是什么? 为什么要建设美好生活? 美好生活要如何实现?"② 王洪波(2001)从当代大学生的生活观出发,就怎样培养具有创新能力的新世纪人才进行了初步的探索。③ 李良荣等(2019)以大学生为研究对象,对成都市"90后"大学生的美好生活进行了问卷调查,结果显示"自由"是大学生对美好生活的具体体现,主要包括财务、时间、工作、心理等方面的自由。同时,大部分的大学生认为只有通过自己的努力,才能获得美好生活。④

第二,关于新时代大学生美好生活观现状。周芳(2019)、黄圣博(2022)、陈欣(2023)等得出结论:绝大多数高校学生都能对美好的人生有一个正确的认知,但也有一些人对美好的人生有错误的价值观,如享乐至上,消费无度,法律观念、社会责任观念淡薄,与社会脱节,通过极端手段发泄情感。喻梦佳等(2022)提出,现在的一些大学生热衷于享乐,他们只想要得到而不想要付出,沉迷于享乐,他们甚至将赚钱当成自己的人生追求。⑤ 王霞等(2022)提出,当前一些大学生对美好生活的追求是建立在"仪式感"的基础上的,他们用"晒"的方式来获取精神上的满足,用炫耀的象征心态将自己的财富、权势和地位展现给别人,以此来赢得别人的掌声,进而引发同伴之间的恶性竞争,严重扭曲了人们对美好生活的认识。⑥ 张学亮(2021)提出,一部分学生对美好生活的追求"简单化",将美好生活目标简化为物质富裕,简单地追求物质需要,而忽略了民主、法治、公平、公正、安全、环境等因素对美好生活的意义。⑦ 朱荣康通

① 黄圣博.新时代青年美好生活需要的内涵、问题与对策[J].东岳论丛,2022(11):42-46.
② 喻梦佳,吴新颖.新时代大学生美好生活观教育:生成逻辑、价值意蕴和实现路径[J].和田师范专科学校学报,2022,41(1):32-37.
③ 王洪波.树立现代大学生活观塑造高素质创新人才[J].中国青年政治学院学报,2001(4):37-39.
④ 李良荣,等.新时代、新期待:中国人民美好生活观调查报告[M].上海:复旦大学出版社,2019.
⑤ 喻梦佳,吴新颖.新时代大学生美好生活观教育:生成逻辑价值意蕴和实现路径[J].和田师范专科学校学报,2022,41(1):32-37.
⑥ 王霞,赵冰.新时代部分大学生"伪精致"现象分析[J].天津中德应用技术大学学报,2022(6):75-79.
⑦ 张学亮.论推动美好生活奋斗目标的意识形态功能发挥[J].理论导刊,2021(7):73-78.

过实证研究，确定了研究模式与假设，并以问卷资料为依据，归纳出当前青少年对美好生活的认识状况及存在的问题。他指出，当前青少年对美好生活的认识，有正面的表现，也有与之相关联的问题，并把问题的成因归结为个人、家庭、学校和社会等四个层面。① 赵欧阳采用问卷法，对浙江某高校在校学生在"美好生活需求"方面存在的错误认识进行了分析。他指出，当前一些大学生存在着重物质而轻精神的错误观念，并在调查中发现，现在的大学生"固守着原来的需求，没有与被激活的新的需求同步融合"②。李良荣等（2019）提出了大学生对于美好生活的要求是多元化的，他们的根本要求是"做自己喜欢的事情"，他们认同通过自己的努力获得更好的人生。③

第三，关于大学生美好生活观培育价值意蕴。何星亮（2017）认为，美好生活的需要是社会主义现代化建设的动力。④ 周锦章（2020）基于社会的视角，对新时代的主流意识形态话语进行了创新，为全面深化改革提供了一种新的动力，并对其进行了社会功能的提升。⑤ 张三元（2018）认为美好生活的价值取向与马克思主义所探求的根本价值目标相同，都是实现人的全面发展。⑥严文波等（2021）从"为人民谋幸福、为民族谋复兴、为世界谋大同"的视角理解习近平新时代中国特色社会主义思想，同时也是解读新时代大学生美好生活的价值意蕴。⑦ 付来友（2020）指出，培育高校学生的美好生活观，可以为大学生提供明确的前进方向、激励新时代奋斗的激情、促进主体生命境界的自我超越。⑧ 喻梦佳等（2022）认为培育美好生活观有利于大学生形成对美好生活的认知、树立正确的人生观，以及促进整个社会的发展进步。⑨

① 朱荣康.青年对未来美好生活的认知研究［D］.兰州：兰州大学，2019.
② 赵欧阳.大学生"美好生活需要"的认知与实践路径［D］.杭州：浙江大学，2020.
③ 李良荣，等.新时代、新期待：中国人民美好生活观调查报告［M］.上海：复旦大学出版社，2019.
④ 何星亮.满足人民日益增长美好生活需要［J］.人民论坛，2017（增刊2）：65-67.
⑤ 周锦章.马克思的美好生活观及其当代价值［J］.思想理论教育导刊，2020（4）：55.
⑥ 张三元.论美好生活的价值逻辑与实践指引［J］.马克思主义研究，2018（5）：83-92，160.
⑦ 严文波，李寅熊.新时代"美好生活"的生成逻辑、价值意蕴与实践进路［J］.思想教育研究，2021
（12）：72-76.
⑧ 付来友.自我技术与美好生活：对青年群体"极简生活"的分析［J］.中国青年研究，2020（8）：75.
⑨ 喻梦佳，吴新颖.新时代大学生美好生活观教育：生成逻辑、价值意蕴和实现路径［J］.和田师范专科
学校学报，2022，41（1）：32-37.

（三）关于新时代大学生美好生活观的培育路径研究

国内学者对于新时代大学生美好生活观的培育愈发重视，然而在具体实施过程中仍存在诸多现实困境。在新的时代条件下，我们应当从国家、社会、家庭、高校等多角度、多维度的主体着手，促使大学生在实践中践行对美好生活的追求。

第一，关于新时代大学生美好生活观培育的现实困境，国内学者主要从以下几个方面展开研究：

一是"内化"的心理危机。袁祖社等（2019）指出，当今社会在资本逻辑的支配与束缚下，对人类的精神生活和价值观造成了严重的消极冲击，导致有的人在追求美好生活的过程中迷失了方向，社会的主流价值观也出现了迷惘。[①]曾琰（2018）提出，当代社会生活殖民化现象严重，被价值虚无主义所腐蚀，这一点最明显的体现就是现实生活的货币化，以及被各种不正确的价值观念所支配。[②] 与此同时，曾琰（2018）还指出，个人需求的异化导致了个人对物质财富的过分占有，从而取代了对生活的关注。个人需要通常以三种形态呈现，即怨恨的需要、妥协的需要，以及欲望的需要。[③]

二是社会公共价值的沦落。袁祖社（2019）指出，在社会逐步走向现代化的过程中，人原本赖以存在的"日常生活"结构发生了变化，产生了人与自然、人与社会、人与人之间的"三重疏离"，人生境遇逐渐异化和去我，人逐渐失去了主体性，物化现象也随之蔓延，生存焦虑也随之放大，原本的社会公共价值也随之沦落。[④] 李铭等（2018）指出，"生活方式的高度物化"就是一种被扭曲了的"现代"生活形态。[⑤] 曾琰（2018）指出，物化的生活就是缺乏对生活的自我反省和自我批判的意识，对生活的创造、超越和意义逐步消逝，从而忽视了生活的

---

① 袁祖社，刘华清.新时代美好精神生活的三维价值追求[J].山东社会科学，2019（8）.
② 曾琰.美好生活构建：前提性依据与现实性方案[J].思想理论教育，2018（5）：36-40.
③ 曾琰.美好生活构建中需要的规范性问题及其破解：以历史唯物主义"需要"的规范性生成为依据[J].宁夏社会科学，2018（6）：35-41.
④ 袁祖社.公共价值的信念与美好生活的理想——马克思哲学变革的理论深蕴[J].中国社会科学，2019（12）.
⑤ 李铭，汤书昆.马克思生活哲学视域下的"美好生活方式"[J].学术界，2018（11）：162-171.

真正意义。①

　　三是受发展不平衡不充分的制约。许多学者都认为，发展不平衡不充分是阻碍人们实现美好生活的最重要的现实因素。卫兴华（2018）提出，发展不平衡不充分主要体现在供给侧结构失衡、政治体制持续性与有效性不足、城乡区域发展不平衡不充分、治理理念不平衡等问题上，使得人民群众的需求无法实现真正满足。②

　　第二，关于新时代大学生美好生活观培育的实施路径，目前国内关于"美好生活观"的培育路径相关研究较少，李楠（2019）、喻梦佳（2022）、陈怡蕾（2024）分别从学校、家庭、社会、思想政治教育和信息监督等角度，为实现美好生活的建设，汇聚了全社会的共识，促进了大学生在实践中实现对美好生活的向往。付来友（2020）从个人角度出发，利用秩序美学、审美视野等自我技术对个人生活进行管理。③ 常莎莎（2016）从家庭的角度出发，认为父母在对孩子的教育中，要注重和孩子的交流，突破传统的家庭教育氛围，构建平等、民主的亲子关系，为孩子提供一个良好的家庭教育氛围，从而正确地指导他们的人生观，提高他们创造美好生活的兴趣。④ 乔巴生（2020）从民族地区的视角切入，认为美好精神生活需要有更高的思想道德修养，要正确处理好社会、他人和自己的关系。⑤

　　谢开明（2019）从高校角度分析要借助多种形式凝聚认知、提升共识，把新时代大学生多元、多变的思想倾向凝聚到共同的理想追求层面，增进情感归属。⑥ 周芳等（2019）认为，为了引导大学生树立对美好生活的正确认识，需要多方共同努力，充分发挥大学生的主体作用，学校要丰富和改进大学生的实践教育，为大学生创造"美好生活"的正确认识，以此来调动他们的积极性和主动

① 曾琰.美好生活构建：前提性依据与现实性方案[J].思想理论教育，2018(5)：36-40.
② 卫兴华.应准确解读我国新时代社会主要矛盾的科学内涵[J].马克思主义研究，2018(9).
③ 付来友.自我技术与美好生活：对青年群体"极简生活"的分析[J].中国青年研究，2020(8)：79.
④ 常莎莎.我国家庭教育的现状分析及对策研究[J].才智，2016(22)：132，134.
⑤ 乔巴生.民族地区美好生活建设的内涵、理念与路径[J].云南民族大学学报(哲学社会科学版)，2020，37(1)：13-21.
⑥ 谢开明.美好生活指引下的当代青年思想政治教育向度[J].中学政治教学参考，2019(30)：64-65.

性，共同创造美好的人生。① 王朝庆等（2018）站在思想政治教育工作者的立场上，提出了思想政治教育工作者要引导广大群众树立对美好生活需要的科学认识，妥善处理好物质需求与精神需求之间的关系，并对他们进行教育，让他们通过自己的劳动来满足日益增长的美好生活需求，并在此过程中，要把自己的利益与社会的利益、国家的利益相结合。② 董建等（2014）提出了高校德育工作应以学生为中心，以学生为主体，使其在新时代中更好地发挥其主体性，让当代大学生在日常的生活和学习中，不断地增强自身的政治修养、思想修养、道德修养，从而真正形成一种正确的美好的生活观。③ 吴宏政等（2019）提出将学生的实践能力和劳动方式相结合，通过"劳动价值论"以实现美好生活。④ 翟小满等（2018）提出，要把思想品德课程和专业课程有机地结合起来，把美好生活观的内容融入新时代大学生所有专业课程之中，在"精学"专业课程的同时，"泛学"德育课程，以强化对学生美好人生的认识。⑤ 贾立平等（2018）指出，近几年，国家先后设立了"中国航天日""中华慈善日""烈士纪念日""公祭日"等纪念日，既影响了大学生，又创造了一个良好的社会环境，增强了他们的爱国情怀和国家意识，促进了他们对美好生活的向往，为他们的美好生活提供了借鉴，也为他们的人生理想创造了机遇。⑥

季雨（2020）提出，要通过良好的政府治理来保障人们的幸福生活，并对个人树立良好的生活理念进行规范和指导。⑦ 武奎等（2021）提出，要按照发展的逻辑原则，建立有意识的培养主体培养机制，对培养内容进行科学创新，对培

① 周芳，王茜. 新时代大学生对"美好生活"认知的调查与分析[J]. 特区实践与理论，2019（4）：111-115.
② 王朝庆，王刚. 问题与思路：社会主要矛盾变化下思想政治教育的新路向[J]. 学校党建与思想教育，2018（13）：4-7，26.
③ 董建，王丽君. 当代大学生社会主义核心价值观的培育路径探究[J]. 内蒙古农业大学学报（社会科学版），2014，16（4）：119-123.
④ 吴宏政，吴暇. 新时代美好生活的"劳动价值论"[J]. 湘湘论坛，2019（5）：46-52.
⑤ 翟小满，杨宗友. 大学生社会主义核心价值观培育论——机理过程与路径选择[J]. 重庆大学学报（社会科学版），2018，24（4）：215-223.
⑥ 贾立平，曹慧. 大学生培育和践行社会主义核心价值观的必要性及路径初探[J]. 高教学刊，2018（7）：162-164.
⑦ 季雨. 新冠疫情冲击对个体建构美好生活观的四重启示——以风险防控为视角的分析[J]. 哈尔滨工业大学学报（社会科学版），2020，22（6）：11-16.

养机制进行优化,结合多种培养介质,建立均衡的培养环境。①

二、国外研究现状

党的十八大以来,习近平总书记关于"新时代美好生活"的主题一经提出,就引起了世界各国领导人和政党领导人的极大重视,在国际上引起了很大的反响,许多国外学者也对"美好生活"这个主题进行了深入的探索与研究。近代以来,西方学者的研究多侧重于对人自身的生存、生命的眷恋与反省,而对新时代的美好生活观的直接研究却很少,且多集中于两个层面,更多的是关注"生活世界"究竟是怎样的,以及怎样的措施才能使人们的生活更加美好。

(一)关于人类美好生活本质内涵的研究

美国发展伦理之父德尼·古莱(2008)指出,健康的生命、充分的人的尊重和充分的自由,是美好生活的三个重要内容。② 杰弗瑞·戈比③(2000)和罗纳德·英格尔哈特④(2016)都主张,改善生活质量和品质是实现美好生活的必要条件。美国人本主义者罗杰斯(2005)指出,一个人的一生,只有让自己的身体和精神来决定自己的人生道路,才是美好生活。在克里夫·贝克(1997)看来,没有什么比学习过得更美好生活更有意义的事情了。⑤ 英国著名哲学家罗素(Russell)对教育和个体的美好生活进行了深入的研究。⑥ 马斯·阿奎曾说过:肉体上的欢乐不是真正的快乐,一切都以神为终点,欢乐是通往神的道路上的一道屏障,因此,我们应该拒绝物质上的欢乐,抛弃肉体上的欢乐。⑦ 詹姆斯·爱伦(2005)从心理学视角出发,认为内心的平和、善良、宽容、慈悲、奉献等高尚的品格,克服困难,破除迷惑,善于自省,自强自立,是人类通往美好生活

---

① 武奎,董玉节.新时代主流美好生活观培育的逻辑和机制[J].学术探索,2021(10):137-142.

② 古莱.残酷的选择:发展理念与伦理价值[M].高戈,译.北京:社会科学文献出版社,2008:53.

③ 戈比.你生命中的休闲[M].康筝,译.昆明:云南人民出版社,2000.

④ 英格尔哈特.静悄悄的革命:西方民众变动中的价值与政治方式[M].叶娟丽,韩瑞波,等译.上海:上海人民出版社,2016:3.

⑤ 贝克.学会过美好生活——人的价值世界[M].詹万生,等译.北京:中央编译出版社,1997:05.

⑥ 罗素.教育与美好生活[M].杨汉麟,译.石家庄:河北人民出版社,2001.

⑦ 北京大学哲学系.西方哲学原著选读:上卷[M].北京:商务印书馆,1981:276-278.

之路。① 罗尔斯(2011)从政治哲学角度出发,认为美好生活是所有人都能过上公正、平等和自由的生活,即每个人都能互相尊重,拥有平等的分配资格,在政治上有话语权,每个人都能过上平等而有尊严的生活。② 胡达·阿亚什-阿布多等(2007)提出,好的生活不仅包含了满足、幸福等主观感觉,还包含了对生活必需品的衡量,它是主观和客观的结合,以较高的生活品质为主要内容。③施特劳斯(2003)认为,马克思、恩格斯对人类历史发展的客观规律进行了科学的解释,并提出了要建立一个人的自由而全面发展的美好生活,在这个世界上,所有人都是平等的,他们的物质财富是非常丰富的,所有人都是自由而全面发展的。对"真美"或"善"的生存是现代西方哲学家关注的核心问题。

(二)关于人类美好生活影响因素的研究

对实现"美好生活"的影响因素研究,当前多数学者都是通过构建模型来描述健康、工作等具体层面与美好生活关联,而关于美好生活的具体实现方式的研究却比较少。这些学者通过探寻构建模型中各要素与美好生活的关系,以实现更美好的人生。

辛西娅·莱文等(2016)研究了个人的美好生活和异质负荷理论的相互关系,社会经济地位是影响该关系的重要因素,并表明一个人的美好生活理论对健康有影响。④詹德尔希(2016)以斯基德尔斯基父子关于美好生活的七大基本商品为基础,对"健康、安全、尊重、个性、友谊、休闲、与自然和谐共生"这七大基本商品进行了全新的界定,并从个人视角,对美好生活与"自我幸福"、满足感的内在联系进行了深入的研究。⑤ 安娜·萨顿(2020)从哲学概念化出发,将真实性作为追求"美好生活"的重要影响因素,以实现更好的生活为目标,将

① 爱伦.幸福的蹊径[M].李旭大,译.北京:中国发展出版社,2005:94.

② 罗尔斯.作为公平的正义[M].姚大志,译.北京:中国社会科学出版社,2011.

③ Huda Ayyash-Abdo, Rayane Alamuddin. Predictors of Subjective Well-Being Among College Youth in Lebanon[J]. Journal of Social Psychology, 2007, 147(3):265-284.

④ Cynthia S Levine, Alexandra Halleen Atkins, Hannah Benner Waldfogel, and et al. Views of a good life and allostatic load: Physiological correlates of theories of a good life depend on the socioeconomic context [J]. Self and Identity, 2016, 15(5):536-547.

⑤ Lindile Cele, Sarah S Willen, Maydha Dhanuka, et al. Ukuphumelela: Flourishing and the pursuit of a good life, and good health, in Soweto, South Africa[J]. SSM-Mental Health, 2021, 1.

真实性、幸福感和参与度三者有机地结合起来，发现真实性对个人和工作投入都有正面积极的作用，也为构建健康的工作组织的重要路径。[1] 约瑟夫·康门南等（2019）通过考察加纳民众所认为的美好生活以及其对民众福利的重要性，提出了一种由社会背景和民众生活经验所决定的、复杂的、多维度的概念。[2]

杰森·希克尔（2019）指出，从理论上讲，通过构建一个既有范例，又有更加平等的分配政策，可以使经济落后的国家在行星边界内的全体人民过上更好的生活，但是，要使富裕的国家能够适应安全与正义的界限，就得放弃增长的政治目标，转向后资本主义的经济模式。[3] 凯特·索珀（2021）认为，摆脱对盈利和常态的过度依赖，可以让我们的生活更加美好。一些学者认为，小康社会在追求更美好生活的同时，应该重视消费与经济发展对人文与环境的影响，提升商品潜能，把人性消费根植于人的发展之中，从而达到美好生活。[4]

罗杰斯相信，如果一个人拥有了绝对的自由，那么他就可以倾听自己的整个身体和心灵，去确定自己将来的道路——一条通向完善的道路，而他也可以在这条道路上尽情地前进，按照自己选择的道路前进，这样的一生才能称得上是美好生活。马丁·宾德等（2020）通过对西班牙格拉纳达大学 819 个学生的研究，发现美好生活与个人幸福程度有密切的联系，并提出了自己的观点，健康的行为和良好的生活观念，都可以影响他们的环境行为能否提高他们的幸福程度。[5] 林迪尔·赛尔等（2021）研究了南非豪登省索韦托的居民是怎样界定和表示与健康有关的富裕的，他们认为，在个人发展的进程中，有多种方式被称为"ukuphumelela"（祖鲁语意为"赢家"）：决心和动机达到目的，接受良好的教育，获得更多的机会，从强有力的模范或导师那里学习，有充足的经济或物质

---

[1] Anna Sutton. Living the good life: A meta-analysis of authenticity, well-being and engagement [J]. Personality and Individual Differences, 2020, 153. https://doi.org/10.1016/j.paid.2019.109645.

[2] Joseph Kangmennaang, Susan J Elliott. Wellbeing is shown in our appearance, the food we eat, what we wear, and what we buy: Embodying wellbeing in Ghana [J]. Health & Place, 2019: 55, 177-187.

[3] Jason Hickel, Is it possible to achieve a good life for all within planetary boundaries? [J]. Third World Quarterly, 2019: 40(1).

[4] Ger G. Human Development and Humane Consumption: Well-Being Beyond the "Good Life" [J]. Journal of Public Policy & Marketing, 1997, 16(1): 110-125.

[5] Martin Binder, Ann-Kathrin Blankenberg, Jorge Guardiola. Does it have to be a sacrifice? Different notions of the good life, pro-environmental behavior and their heterogeneous impact on well-being [J]. Ecological Economics, 2020(167): 106448.

支援，解决基本需求，战胜困难，战胜童年时期的挑战，祷告，对神的信靠和信心，走一段旅途(一种追寻)，关怀和回报他人。[①]裘德·罗宾逊等(2021)仔细研究卢旺达与乌干达难民的美好生活后，调查结果显示，"美好生活"指的是有吃有住，穿得好，良好的个人外表。[②]

(三)美好生活观培育模式研究

从某种程度上说，西方的公民教育就是一种美好生活教育。所以，西方对培养大学生美好生活观的研究，可以从公民教育的角度进行。

一是价值明晰论。美国人路易斯·拉思斯和其他一些人首先提出了这个观点。价值明晰论以价值的相对性、个人化而不是普遍性与绝对性为前提。"明晰"指的是指导学生对各种价值观念与行动进行取舍，在对比甄别中对自己的价值取向进行确证。所以，这一理论倡导一种尊重和信赖的教学方式，提倡在轻松愉快、互相尊重的气氛中开展教学，并设计了讨论、投票和游戏等多种教学方式。[③] 从方法论上讲，"以学为本"的"论辩""自省"等方法，对于当今的价值教育仍然有很大的参考价值。但是，西方学者也指出，价值明晰论者并不主张什么是真正的道德准则，主张老师通过"不灌输"与"不评判"的方式去引导学生去认识、去修正他们的价值观，这其实是毫无意义的，甚至是很危险的。[④] 20世纪80年代中后期，价值明晰论的教育模式极易陷入价值相对主义的困境，并逐步走向"失落"。

二是德育认识的发展模式。其中最具代表性的人物是让·皮亚杰和劳伦斯·科尔伯格。这一模型的中心思想是：人的道德发展是一个由低到高的逐步发展的阶段。所以，教育工作者应该根据学生的不同发展时期，采用"道德两

① Lindile Cele, Sarah S. Willen, Maydha Dhanuka, Emily Mendenhall. Ukuphumelela: Flourishing and the pursuit of a good life, and good health, in Soweto, South Africa, SSM – Mental Health, 2021(1): 100022.

② Jude Robinson, Anna Chiumento, Rosco Kasujja, Theoneste Rutayisire, Ross White. The "good life", personal appearance, and mental health of Congolese refugees in Rwanda and Uganda[J]. Social Science & Medicine, 2022(293).

③ 拉思斯.价值与教学[M].谭松贤，译.杭州：浙江教育出版社，2003.

④ Kirschenbaum H. From values clarification to character education: a personal journey[J]. The Journal of Humanistic Counseling, Education and Development, 2000(1): 4-20.

难问题讨论法"等具体的方式和手段，给他们创设一个有道德难题的环境，让他们在一定的环境中，对他们进行更深入、更广泛的讨论和辨别，同时，在教育者的指导下，他们的道德思考模式和判断力也会得到进一步的提高。[①] 该模式强调了大学生的价值抉择与道德评判能力培养，这一点毋庸置疑，但是，由于难以准确地评价学生的不同层次、不同阶段的道德认知，其在实际教学中遇到了许多问题。[②]

三是体贴关怀的伦理模式。这一概念在 20 世纪 70 年代初由英国教育道德问题专家彼得·麦克菲尔和他的同事创立。这一模型建立在大量实地调研的基础上，它的中心思想是要注重以情动人，要让学生感受到被关怀，而非被帮助，才能引起教育的共振。为此，我们应该创造一个与其他同学协作的机会，同时要注意建立良好的人际交往。[③] 这给我们启示，在培养新时代大学生美好生活观的同时，要注意从学生的现实需求出发，以学生为中心，为学生服务。与此同时，注重在人际沟通和现实沟通中发挥的积极作用，将关爱他人的伦理观念付诸实践，增强学生间的互相了解与支持，从而创造出一种充满关爱和友情的校园文化环境。

三、研究述评

在"新时代美好生活观"的理论与实践讨论中，国内外学者对该议题的研究成果，主要是围绕着其本质内涵、价值意义以及实践探索这三个层面展开的，其研究结果的质性与量性、方式与方法的总体状况如下：

（1）在研究内容上，随着我国学者对"新时代美好生活观"的重视程度不断提高，有关"美好生活理念"的研究不断增多，研究热点不断涌现，探讨的内容较为广泛。党的十八大以后，"美好生活"这一主题的研究也在不断增多。在党的十九大报告中，"美好生活"被反复提及了 14 次，并在结尾处用了"实现人民对美好生活的向往继续奋斗"。因此，与"美好生活"有关的研究数量成倍增

---

① 科尔伯格. 道德教育的哲学[M]. 魏贤超，等译. 杭州：浙江教育出版社，2000.

② Hersh R H, Miller J P, et al. Models of moral education：an appraisal[M]. New York：Longman Inc, 1980：157-158.

③ McPhail P, Ungoed-Thomas J. Moral education in the secondary school[J]. Journal of Moral Education, 1974(3)：181-184.

长。虽然各有侧重，但对其出场语境、时代特质等实质问题的讨论已取得了较大的一致，这为我们对"新时代大学生的美好生活观"的深入研究奠定了理论依据。

目前，我国许多学者都已确定了马克思主义理论研究要关注人的现实生活这一主题，对于"美好生活"的研究，已由单纯地与日常生活相关进行简要的评价，转变为把美好生活观的理论研究嵌入社会生活的各个方面，并逐渐重视对生活的抽象概括，着重于对美好生活观的学理性、知识性解读，以及以构建美好生活观的概念体系为重点，着重于确定美好生活观的概念、分析结构、突出理论价值等宏大叙事。然而，由于缺乏对现代社会的美好生活观的观照，使得对美好生活观的研究与对美好生活观的理论与实践研究尚未同步发展。对"美好生活观"的理论研究不能与新时期人们对美好生活的需求相适应，特别是面向新时期的生活问题（尤其是个体在当下的生存困境指导）方面的研究更是匮乏。多数已有研究仍在用概念的方法对变化中的生活世界进行阐释，用一种描述的追求来满足人们越来越多的生活需求，用一种思想推理的学术设置来完善美好生活理念的学术体系，严重缺少将社会与个人美好生活理念结合起来的教育理论与实践研究，为引导正确的美好生活观的大众化传播指明方向，为形成社会主流意识形态所要求的个人美好生活观奠定基础。

当前，国外学术界对"主体"的关注还不多，而且研究成果也不多，主要体现在注重激励个体在创业与创新中实现自我价值的提升，进而实现高品质的生活。在西方学者的话语语境里，"美好生活"意味着"生活品质的显著提升"。因此，国外的研究主要集中在幸福、公平、公正和社会保障等几个方面。

（2）在研究视域上，国内相关研究大多是从结合思想政治教育、社会主义核心价值观、心理学、劳动教育等视域切入，但与"新时代大学生美好生活观培育"相结合的研究成果较为少，且将新时代美好生活观的理论研究与实践研究相结合的还比较少，但从整体趋势来看，学术界对大学生美好生活观这一主题的研究正在不断深化，具有较大的研究空间。

（3）在研究学科分布上，关于全球文明倡议的研究主要集中在中国政治与国际政治、马克思主义、哲学、高等教育、思想政治教育、政党及群众组织等学科，其次分布于文化、经济体制改革、教育理论与教育改革、伦理学等学科，立足跨学科间的研究较为薄弱，学科研究分布缺乏多视角、多维度的研究，亟待进一步深入和阐释。

(4)在研究的方式方法上,对"美好生活"的研究,有脱离了新时期的实际背景和理论语境,简单地移植、照抄西方先进理念的倾向。我国有些学者没有坚持回归经典、学深悟透、尊重经典、忠实于经典作者原意的原则,而单纯地照搬西方哲学中的现代人生理念(如生活世界)以及它们的表述模式,从而构筑出马克思生活观的理论体系,在某种程度上背离了马克思主义的正确视角与立场,必然会导致新时期对"马克思主义生活观"理论内涵的歪曲解读,这将会直接影响到对美好生活的理论根基与前提的正确认识。对美好生活观培育的研究还混在了思想政治教育的各个方面,没有受到足够的关注,也没有建立起与之相适应的教育系统。在教育研究中,思想政治教育研究的方式方法被广泛地运用了起来。与此同时,也有一部分优秀的生活观的教育实践研究者,将西方所谓的自由世界中的美好生活理论,用来审视新时代对美好生活的追求,并对其进行了夸张和美化,这种毫无批评的吸纳和学习,很可能会导致"水土不服",从而导致教育理念的错位,导致学术话语权的丢失。迫切需要从大学的现实出发,对新时期的大学生的美好生活观进行理论和实践研究。

总体而言,当前学术界在美好生活理念、美好生活观内涵等宏观理论层次上已经有了比较深入的探讨,也有一些学者对青年、大学生美好生活观以及他们的培养问题展开了探讨,这为本书的开展提供了有价值的理论借鉴。然而,在对学术界有关研究成果进行总结的同时,我们也注意到许多方面的研究还存在一些不足之处,其理论研究的丰富程度还需要进一步提高和完善,实践研究的系统性也需要进一步提高。大多数人都是从某一个教育领域、教育角度、受教育主体或教育的一部分内容来讨论,或者是对培育美好生活观中的一些实际问题进行的研究与解决,处于一种分散的状态。特别是,关于新时期高校学生的美好生活观以及培养问题的研究还很少,还存在着很多探索与发展的空间,研究的系统性、全面性还需要进一步提高。

其一,应明确新时期高校大学生美好生活观的基础、规律等一系列理论问题。作为充满活力、具有广阔发展前景的年轻一代,他们所持有的美好的生活观念,不但对个体的成长轨迹、人生抉择产生了深远的影响,也在某种意义上决定了社会的前进方向和民族的未来发展。这就要求高校学生树立正确的世界观、人生观、价值观。但是,新时期的大学生,又应该如何树立起与自己的角色特征、文化特征相适应的正确的人生观呢?这种理想人生的必然形态与发生逻辑如何?这些都是急需在理论上加以澄清的重大问题。若不能从理论上清晰而统一地回答这些关键问题，那么，无论是教育者还是学生自身，都很难有针对性地开展学习与探究。为此，我们需要从理论上对新时代大学生美好生活观的若干基本、规律问题展开理论探索，探寻适合新时代大学生美好生活观的理论架构，厘清新时代大学生美好生活观的内涵界定与理想形态，推进基本理论研究的理论探索。

其二，直面当代大学生"美好生活"的实证性研究，在广度和深度方面都有待提高。科学地考察和分析当前我国高校学生的美好生活观和现实状态，是对新时代大学生美好生活观进行研究的内部需求与基础工作。当前，尽管已有一些学者认识到了调查当代大学生美好生活观的重要意义，但是这方面的研究还很少，而且调查的广度和深度都受到了限制。从广度上来看，当前对大学生美好生活观的调查以四川大学的大学生为研究对象，以2000年以后步入社会的大学生为研究对象，并以四川大学为例，对14名大学生的美好生活观进行深入访谈和调查。① 显然这个调查的样本范围比较狭窄，而且各个区域之间的历史文化和教育资源也存在着一定的差别，因此，价值导向的有效性和针对性还需要加强，不能充分体现出当代大学生的美好生活观的全貌。另外，从研究的深度来看，当前的有关调查主要围绕着生存需要、社会需要、精神需要的基本要求和满足，创业和更好的生活。② 目前，虽然已有部分调查涉及了大学生理想生活理念的核心问题，但是却没有深入探究大学生个体间的差异及其多层次的需要。针对这一现状，本研究拟对我国高校毕业生开展大规模调查，对高校毕业生在物质条件、人际交往、个人发展等方面的共性观点和态度进行全面的调查。在此基础上，本研究还将探讨受教育水平、生源类型、家庭结构等多个方面对大学生美好生活观的影响，以期对新时期大学生美好生活理念的不同层次进行深刻剖析，并对其中存在的问题及其深层成因进行深入剖析，以达到拓展实证研究的广度与深度，保证新时期大学生的美好生活观得到更有效的价值导向。

其三，在把握当前形势的前提下，对如何培养新时期大学生的美好生活观是一个值得研究的问题。首先，对当前高校学生美好生活观的研究还不多见。正确的、美好的生活观并非凭空产生的，它有赖于人的自觉培养与引导。虽然

---

① 李良荣，等.新时代、新期待：中国人民美好生活观调查报告[M].上海：复旦大学出版社，2019.
② 李良荣，等.新时代、新期待：中国人民美好生活观调查报告[M].上海：复旦大学出版社，2019.

学术界已逐渐意识到对美好生活观的导向作用，但关注的焦点往往是整个人群（或年轻人）的美好生活观，而缺乏对大学生美好生活观的培育。同时，在中国特色社会主义建设的新时期，高校学生对于美好生活的渴望日益增强，他们对于美好生活的构想与设计也日益多样化。这就要求党和国家、各级高校对新时期大学生正确的美好生活观的培养给予足够的关注，根据实际情况，选取合适的教学内容和教学方式，构建一套科学、合理的培养体系，从而使他们能够建立起与党、国家和人民需求相适应，同时也与自己的需要相匹配，能够反映出自己角色特点和文化特点的美好生活观。可见，目前学术界对该问题的重视还不足，在某种程度上限制了有关实务工作的有效开展。其次，在构建美好生活观方面，相关的理论研究还很少，并且大多是移花接木、空想式的学术讨论，缺少对教育实践的深度考察，并与美好生活理念的实质相结合，有针对性地构建出具有针对性的框架。更缺少对培养美好生活理念的理论与实践的系统、全面的梳理。关于美好生活观的教育，目前已有大量的实证研究，但大多停留在现象的描述和解决问题的层次上，缺少对特定群体的美好生活观的微观生成的调查，缺少对人们美好生活观的全面、多领域的实地调研，更缺少对培养美好生活观的实践探索与研究，缺少系统构建的实践原理和策略，也缺少全方位的路径构建和铺设。

为此，我们必须在对目前大学生美好生活观的具体情况进行深刻剖析的基础上，对如何培养当代大学生的美好生活观进行深入的研究，进而为他们建立起正确的生活观提供理论指导与实践指导。

第三节　研究意义

对新时代的大学生美好生活观教育进行理论和实践的研究，不仅要对什么是美好生活观的内涵和本质进行全面的阐释，而且要对大学生树立新时代所需的美好生活观进行正确的指导，激励他们在美好的生活观指导下，主动地开展美好的生活实践。同时，也要对新时代大学生美好生活观教育实践中存在的实际问题进行诊断和思考，从而对新时代大学生美好生活观培育的实施机理和路径进行持续的调整、优化和构建。这样才能更好地培养出更多能够担负起人民对美好生活向往的历史使命的建设者和接班人。

一、理论意义

第一,对全面把握新时代美好生活观的内涵具有重要意义。新时代的美好生活观继承和发展了习近平新时代中国特色社会主义思想、马克思主义经典著作、中华优秀传统文化中的相关论述,是中国共产党"以人为本"的理论成果,凝聚了中国共产党"以人为中心"的思想,是新时代中国人民对美好生活的向往与追求的理论表述。本书系统地梳理了马克思主义经典作品以及中外文化中有关美好生活观的论断,并根据新时代的背景和当代大学生的特征,对新时代大学生美好生活观的理论内涵进行了详细的论述,从而使新时代的美好生活观逐步形成体系。

第二,加强对习近平新时代中国特色社会主义思想的价值取向的认识。"美好生活"是马克思主义"生活观"在中国新时代发展的最新阐释。中国共产党领导着中国特色社会主义新时代追求更好的生活,其根本目的就是要探索一种不断追求"美好生活"的社会实践方式。习近平新时代中国特色社会主义思想正是以不断满足人民群众对美好生活的需求为旨归,以科学的理论和真切的实践行动从根本上回答了"为了谁"的问题,彻底彰显了以人为本的马克思主义价值取向,充分体现了中国共产党追求美好生活是以人民为中心的价值立场。

第三,有利于进一步深入大学生思想政治教育的研究。增强大学生对"美好生活观"的认识,从"现实的人"这一逻辑出发点出发,界定新时代大学生美好生活观的立论根据、价值作用、内容构成以及现状,对新时代大学生的美好生活观进行全面而又有逻辑的剖析,阐述他们对美好生活的追求的价值取向,并将其在生活中所形成的价值关系作为逻辑理由,增强对新时代大学生美好人生观的规律性认识,促进大学生对中国现代社会的认识,树立积极科学的人生观,让思想政治教育回到人的实际生活中去,真正为人的全面发展服务。

二、实践意义

第一,有助于我们更好地理解新时代大学生对美好生活的认识状况,提高教育的针对性、科学性。思想政治教育从本质上讲是一种思想之间的交互作用,思想观念领域是其发挥作用和实现其价值的关键场所。当代大学生是一个对美好前途有着强烈憧憬和愿望的群体,他们的思想意识、价值取向集中体现于他们对美好生活的追求。通过对大学生美好生活需求的现状水平的调查,找出了他们对美好生活需求的认识上的不足，并在此基础上探讨解决办法，指导他们去追求一个合理的、美好的生活需求，并对他们现在的心理状态有了更深入的认识，为发展和改进新时代的大学生美好生活观提供了实践基础，可以使思想政治教育工作的针对性、科学性得到进一步的提高。

第二，对大学生树立和实践正确的人生观具有重要意义。要让大学生过上美好的生活，就必须要有正确的"美好生活观"来引导，而培养"美好生活观"是一种教学实践，因此，要想在新时期内引导大学生树立科学、正确的"美好生活观"，就必须要有一套行之有效的培养策略。在新时代，大学生所树立的价值观将对我们的社会发展情况产生直接的影响。通过深入探讨当代大学生对美好生活观的现状，从科学认识、情感认同、践行方向三个方面，寻找符合"五位一体"总体布局的现实途径，既能促进中国式现代化的向前推进，又能凝聚广大青年学子为实现中华民族伟大复兴而努力奋斗，为祖国强盛、民族振兴注入新的生机和力量。

第三，有助于消除不良思想对当代大学生美好生活观的负面冲击。大学生正处于三观形成的重要时期。当前，我们国家的经济飞速发展，社会大环境的改变对他们的价值观也产生了很大的影响。特别是在信息时代飞速发展的新时代，大学生的眼界越来越宽，他们所获得的信息也越来越多，加之外部消费主义、享乐主义、个人主义等不良思潮的影响，再加之某些大学生自己的价值观不稳定，导致他们出现了一些错误的价值观。新时代的大学生对美好生活观的培育，一方面可以有效地遏制消费主义、享乐主义等不正确的思想对大学生的消极影响，另一方面也能加深当代大学生对新时代美好生活观的认识和感悟，让他们把自己的小确幸融入祖国的伟大复兴中去，成为一个合格的时代新人。

第四节 研究方法

一、调查研究法

本书将运用问卷调查法，有助于加强对美好生活观的理论研究与实际工作的开展，更具科学性与针对性。为此，本书在梳理并阐释了新时代高校学生美好生活观的有关理论问题的基础上，运用问卷、访谈等方法，对当前高校学生的美好生活观进行了调查。通过李克特 5 级量表(1~5 分),从"非常不赞同"到"完全同意"(1~5 分),并编制相关的问卷及访谈方案,在样本大学中随机选择从大一至博士生开展问卷调查,为本书的研究提供数据支持。最后,在对相关数据进行分析和总结的基础上,提出了在实施素质教育过程中应注意的问题。

二、文献研究法

文献是思想理论的载体。本书将利用中国知网、万方数据库、维普期刊网及部分高校图书馆,搜集与这一课题相关的文献与材料,对美好生活理论进行系统梳理与文本研究,尤其是对马克思主义"美好生活观"理论的深入剖析,为这一课题的开展提供了直接的理论基础。与此同时,通过查阅、归纳、整理中国共产党百年以来培养大学生美好生活观的方针文件,掌握学术界在有关问题上的代表性观点、形成的共识、存在的差异和尚需继续研究的问题,形成对本研究相关文献的现状的整体认识,并将其与本项目所掌握的文献材料进行有针对性、综合性的研究,以此来阐释新时期的美好生活观的思想内涵和基本特点,为后续的研究打下坚实的基础。

三、比较分析法

基于问卷调查的统计数据,采用对比分析法,着重分析不同年龄、地域、性别、家庭、专业等因素对培养"美好生活观"的影响,从而有针对性地分析其产生的原因,并提出相应的解决措施。

第二章

新时代大学生美好生活观的内涵

第一节　社会主要矛盾变化与大学生美好生活追求的多样化

新时代中国社会主要矛盾的变化对新时代大学生美好生活观的形成有重要影响。党的十九大报告指出，中国特色社会主义进入新时代，我国社会的主要矛盾已经转化为人民日益增长的美好生活需要和不平衡不充分的发展之间的矛盾。新时代社会主要矛盾的变化不仅影响着经济社会发展和人民的日常生活，也对人民的消费观念和生活方式产生重要影响。作为新时代大学生，承担中华民族伟大复兴的历史使命，随着新时代社会主要矛盾的变化，应养成良好的生活观，成为中国特色社会主义事业的建设者和可靠接班人。

一、社会主要矛盾变化是美好生活建设目标的重要依据

新时代大学生美好生活观的形成，离不开国家政策的引导和社会环境的支持。长期以来，党和国家高度重视教育事业的发展，通过不断深化教育改革，提高教育质量，为大学生的成长和发展提供了良好的环境。随着新时代社会矛盾的变化，国家在社会保障、就业创业、住房等方面的政策，也为大学生实现美好生活提供了有力的政策支持。有了国家政策的支持，大学生在面对社会主要矛盾时，能够更加自信地追求自己的理想，探索多元化的成长成才路径。从高校层面看，2024年9月25日，《中共中央 国务院关于实施就业优先战略促进

高质量充分就业的意见》发布，部署拓展高校毕业生等青年就业成才渠道、保障平等就业权利等二十四条举措。这是新时代以来，首次从中央层面出台的促就业指导性文件。从社会层面看，2023年12月，中共中央、国务院出台了《中共中央、国务院关于全面推进美丽中国建设的意见》，文中指出，建设美丽中国是全面建设社会主义现代化国家的重要目标，是实现中华民族伟大复兴中国梦的重要内容。文件指出，我国经济社会发展已进入加快绿色化、低碳化的高质量发展阶段，生态文明建设仍处于压力叠加、负重前行的关键期，生态环境保护结构性、根源性、趋势性压力尚未根本缓解，经济社会发展绿色转型内生动力不足，生态环境质量稳中向好的基础还不牢固，部分区域生态系统退化趋势尚未根本扭转，美丽中国建设任务依然艰巨。新征程上，必须把美丽中国建设摆在强国建设、民族复兴的突出位置，保持加强生态文明建设的战略定力，坚定不移走生产发展、生活富裕、生态良好的文明发展道路，建设天蓝、地绿、水清的美好家园。从地方层面看，一些地方出台了一系列关于美好生活的文件，例如：2021年，中共成都市委成都市人民政府关于实施幸福美好生活十大工程的意见；江苏省制定出台了《强化基层治理和民生保障行动方案》，把公共预算收入79%用于民生支出，高质量统筹推进基层治理和民生保障工作，不断健全城乡社区治理体系。这一系列政策措施的出台，为全社会建设美好生活提供了有力支撑。

二、社会主要矛盾蕴含着大学生美好生活追求的多层面

新时代大学生美好生活观的塑造，不仅受社会主要矛盾变化的直接影响，也反映了当代社会发展的实际状况和社会进步的需求。正如马克思所说"当人还不能使自己的吃喝住穿在质和量方面得到充分保证的时候，人们就根本不能获得解放"①。所以随着经济的不断发展，物质生活水平的提高，大学生对美好生活的追求已经从过去对物质生活的满足逐步向精神层面的追求转变，呈现出更为多元化和个性化的特点。在这一背景下，大学生不仅希望通过良好的教育获得更加稳定的就业机会和较高的收入，还希望能够在工作和生活中获得成就感、幸福感以及自我实现的机会。在物质生活水平不断提高的背景下，大学生的美好生活观不再局限于物质上的满足，而是更加注重精神生活的丰富和自我

①　马克思，恩格斯.马克思恩格斯选集(第一卷)［M］.北京：人民出版社，2012.

价值的实现。大学生重视知识的获取和文化的积累，追求心灵的充实和思想的成长。他们积极参加各种文化活动和社会实践，注重培养自身的审美能力和人文素养，这些精神层面的追求反映了新时代大学生对美好生活的深刻理解。

三、生态文明理念成为大学生追求美好生活的普遍共识

美好生活不仅仅体现在物质层面、精神层面，还体现在全社会崇尚生态、共建生态、共享生态，习近平生态文明思想已成为全社会的价值追求。为了物质欲望和经济利益而破坏生态的理念已成为过去。随着国家对生态文明建设的重视，大学生对生态环境问题的关注度不断提高，他们对绿色生活方式的追求也成为美好生活观的重要内容之一。新时代大学生逐渐认识到，良好的生态环境是实现美好生活的重要基础。因此，越来越多的大学生积极参与环保活动，践行低碳生活，倡导节约资源和保护环境的理念。他们在日常生活中注重节能减排，减少塑料制品的使用，支持环保公益事业，努力为建设美丽中国贡献自己的力量。

四、服务社会成为大学生实现自我价值的重要内容

社会主要矛盾的变化推动了大学生对自身角色和责任的重新认识。新时代的大学生不仅是知识的接受者和学习者，还是推动社会进步的重要力量。在不平衡不充分的发展问题面前，大学生意识到，只有通过自身的努力，提升综合素质和创新能力，才能更好地为社会的发展贡献力量。这种对社会责任的认识和担当，成为大学生美好生活观的重要组成部分。大学生在追求个人发展的同时，也更加关注社会的发展，关注国家和民族的命运，将个人的幸福与社会的进步紧密联系在一起。随着社会主要矛盾的变化，新时代大学生在美好生活观上表现出对公平正义的强烈诉求。当前，社会的不平衡主要体现在城乡差距、区域差距和收入差距等方面，这些问题不仅影响了社会的和谐发展，也对大学生的生活和心理产生了深远影响。新时代的大学生更加关注社会公平，渴望通过自身的奋斗和努力，推动社会的进步和变革。在就业选择、职业规划和社会参与等方面，大学生越来越注重社会责任感和公平理念，希望通过实际行动为社会的公平正义贡献力量。新时代大学生的美好生活观还体现了对个体价值和社会价值的融合追求。社会主要矛盾的变化使得大学生更加注重个人成长和社会贡献的有机结合，他们希望在实现个人理想的同时，也能够为社会发展做出

贡献。大学生通过志愿服务、社会实践等方式，积极参与社会事务，关心社会弱势群体，努力在个人价值和社会价值的统一中实现美好生活。他们深知，个人的幸福与社会的和谐进步是相辅相成的，只有在社会不断进步、人民生活不断改善的基础上，个体的美好生活才能得以实现。

此外，新时代大学生的美好生活观还体现了对个人成长与社会进步的同步追求。他们不仅关注自身的学习和职业发展，还积极参与社会公益活动，关心社会弱势群体，努力为社会进步和共同富裕做出贡献。大学生们通过参加志愿服务、社会实践、公益项目等形式，深入社会基层，了解社会的多样性与复杂性，增强对社会的理解和责任感。他们通过自己的努力，帮助他人，也在这个过程中获得了内心的充实和满足。这种对社会责任感的增强，使得大学生在追求个人成长的同时，也能够以更加积极和负责任的态度面对社会问题，推动社会的进步和发展。

五、注重健康已成为大学生追求美好生活的自觉意识

身体是革命的本钱。好的身体是一切工作、学习和生活的物质基础。习近平总书记关于健康的重要论述，为大学生形成良好的健康观提供了根本遵循。习近平总书记指出，人民健康是社会文明进步的基础，是国家富强和民族昌盛的重要标志，也是广大人民群众的共同追求。推进健康中国建设，是我们党对人民的郑重承诺。各级党委和政府要把这项重大民心工程摆上重要日程，强化责任担当，狠抓推动落实。社会主要矛盾的变化促使新时代大学生更加注重生活质量和健康水平。随着人民生活水平的不断提升，健康成为影响美好生活的重要因素之一。新时代大学生对健康的关注不再仅仅停留在身体健康上，还包括心理健康和生活方式的健康。在高校里，越来越多的大学生开始注重体育锻炼，参加瑜伽、跑步等运动项目，以保持良好的身体状态。同时，心理健康也成为大学生关注的重点，他们通过心理咨询、参加心理健康讲座等方式，提升心理健康水平，保持积极向上的生活态度。这种对健康生活的重视，反映了大学生对美好生活内涵的全面理解和对生活质量的高度追求。

六、国际视野是大学生追求美好生活的必然趋势

随着中国社会的不断进步，大学生的美好生活观愈加深入地融入了家国情怀与全球视野。他们既有对国家发展的深切关注，也对全球治理与人类命运共

同体有着深刻的理解和认同。新时代大学生认为，个人的幸福与社会的和谐进步、国家的强盛以及世界的和平与发展密不可分。他们通过学习国际政治、经济、文化等方面的知识，提升全球视野，参与国际学术交流与社会实践活动，不断拓展自己的国际视野和跨文化理解能力。他们认识到，在全球化的今天，国家与国家之间的联系愈加紧密，个人的幸福生活不仅取决于自身的努力，也与全球的稳定与合作息息相关。因此，大学生在追求个人幸福的过程中，注重家国情怀与全球视野的融合，将个人理想融入国家富强和全球和平之中。

社会主要矛盾的变化还推动了大学生对全球化与中国发展的思考。随着中国的崛起和国际地位的提高，新时代大学生的视野也变得更加开阔，他们不再仅仅关注个人生活和国内事务，还对全球发展和人类命运共同体有了更深入的理解。大学生通过学习了解国际局势、参与国际交流活动，培养了国际视野和全球意识。他们认识到，个人的美好生活与国家的发展、世界的和平与进步密不可分，只有在全球范围内共同应对挑战、促进合作，才能实现更加美好的生活。

新时代大学生还对多元文化和社会包容性有着高度的认同和追求。随着我国社会的不断开放与发展，大学生的文化视野不断拓展，他们在尊重和理解本民族优秀文化的同时，也对其他国家和地区的文化表现出浓厚的兴趣和宽容的态度。他们通过跨文化交流、海外留学、国际志愿服务等方式，接触和体验不同的文化背景，培养了对多元文化的包容和开放。这种文化多样性和包容性使得新时代大学生在追求美好生活的同时，能够以更加宽广的胸怀和更加开放的心态来面对生活中的挑战和变化。他们深知，尊重和理解多样性是实现社会和谐和个人幸福的重要前提，只有在多样化的文化交流中不断学习和成长，才能更好地适应快速变化的社会环境，实现真正的幸福生活。

总的来说，新时代社会主要矛盾深刻影响了大学生对美好生活的理解和追求。新时代大学生的美好生活观体现了多元化、开放性、创新性以及对家国情怀和社会责任的深刻理解。他们在追求物质生活富足的同时，更加注重精神生活的丰富、生态环境的保护、社会公平正义的实现，以及个体价值和社会价值的统一。新时代大学生在面对社会主要矛盾的过程中，逐渐形成了具有中国特色的美好生活观，这不仅是对个人幸福的追求，更是对社会进步、国家富强以及全球和平的责任与使命。他们以青春的热情和智慧，努力在新时代中国特色社会主义的引领下，实现个人梦想与社会价值的统一，为实现中华民族的伟大复兴和建设更加美好的世界而不断奋斗。

第二节　新时代大学生美好生活观的内涵

一、物质层面

新时代以来，随着我国经济的快速发展，人民生活水平不断提高，大学生作为社会的重要群体，其美好生活观在物质层面也得到了极大的丰富和深化。物质生活的改善不仅是大学生美好生活观的基础，也是他们追求幸福和实现自我价值的必要条件。新时代大学生在物质层面的美好生活观，主要体现在生活条件、教育资源、就业机会和消费观念等方面。

首先，新时代大学生的生活条件显著改善，为他们追求美好生活提供了坚实的基础。得益于家庭经济条件的普遍改善，大学生的基本生活需求得到了充分满足，生活质量显著提高。大多数大学生不再为温饱问题发愁，而是能够享受到舒适的居住环境和良好的学习条件。在大学校园中，宿舍条件不断改善，校园基础设施更加齐全，互联网、空调等设施的普及，使得大学生的生活更加便利和舒适。与此同时，学校餐厅也提供了丰富多样的餐饮选择，满足了大学生对健康饮食的需求。良好的生活条件使得大学生能够更加专注于学业和个人发展，为追求美好生活奠定了物质基础。

其次，教育资源的均等化和优质化进一步提升了大学生对美好生活的认知和追求。党的十八大以来，国家不断加大对高等教育的投入力度，推动教育公平和优质教育资源的普及，使得更多的大学生有机会接受良好的教育。教育资源的丰富性和多样性为大学生提供了更多的发展机会和成长空间，使他们能够在学习过程中不断提升自身的综合素质和竞争力。高校中实验室、图书馆、教学楼等硬件设施的改善，以及优秀教师队伍的引进，为大学生的学习创造了优质的条件。大学生在这一过程中，不仅获取了专业知识，也培养了实践能力和创新意识，这些都是他们追求美好生活的重要物质保障。

在就业机会方面，新时代的经济发展和社会进步为大学生提供了更多元化的就业选择。随着经济的高质量发展，国家大力扶持新兴产业和创新创业，为大学生提供了大量就业机会。互联网、人工智能、大数据等新兴行业的兴起，吸引了大量具备创新精神和专业技能的大学生。这些行业的发展，不仅为大学生提供了优质的就业岗位，也为他们实现个人价值和追求美好生活提供了广阔的舞台。与此同时，国家通过政策支持，鼓励大学生自主创业，提供资金、培训、孵化等支持措施，帮助他们将创新想法转化为实际成果，实现自我价值的最大化。

此外，大学生的消费观念在新时代背景下也发生了深刻的变化，体现了他们对美好生活的追求。随着物质生活水平的提高，大学生的消费不再仅仅满足于基本的生活需求，而且是逐步向着品质消费、个性消费转变。新时代的大学生更加注重生活质量，追求时尚、健康和高品质的生活方式。旅游、健身、文化娱乐等成为他们消费中的重要组成部分，他们愿意为个人兴趣和生活品质投入更多的资源。在消费过程中，大学生注重品牌和品质，关注产品的环保和健康属性，体现了他们对美好生活的独特理解和追求。

新时代大学生在物质层面的美好生活观还体现在他们对健康生活方式的重视上。随着社会经济的发展和生活水平的提高，健康成为美好生活的重要组成部分，大学生开始更加注重自己的身体健康和心理健康。他们通过合理的饮食、规律的作息和适当的锻炼，保持良好的身体状态。学校也积极推广健康教育，通过开设健康课程、组织体育活动等方式，引导大学生养成健康的生活习惯。在大学校园里，健身房、运动场、游泳池等设施的普及，为大学生提供了良好的锻炼环境，越来越多的大学生将健身和运动作为日常生活的一部分，这种对健康的重视体现了他们对美好生活的理解和追求。

物质层面的改善不仅仅体现在个体的生活质量提升上，也体现在大学生对社会资源和公共服务的享有上。新时代以来，国家不断加大对基础设施的投入，改善社会公共服务水平，大学生在教育、医疗、交通等方面的公共服务体验有了显著提升。例如，高铁的普及使得大学生在节假日可以更加便捷地返乡或旅游，互联网的发展则为大学生的学习和生活提供了便利条件。无论是线上购物、外卖配送，还是在线教育、远程医疗，科技的发展使得大学生能够更加便捷地获得服务，这些都大大提高了他们的生活质量。

与此同时，新时代大学生对住房条件的期望也在不断提高。虽然在校期间，宿舍生活是大多数大学生的主要居住形式，但他们对未来的住房有着更高的期望和规划。国家大力推进保障性住房建设和住房租赁市场的规范化，为大学生毕业后进入社会提供了更多的住房选择。在物质条件改善的同时，大学生也更加关注居住环境的舒适性和安全性，希望在未来能够拥有一个温馨、舒适的居住空间，这种对住房质量的期待反映了他们对美好生活的追求。

物质生活的改善还促使大学生在新时代的背景下更加关注社会的可持续发展。他们认识到，只有在物质生活富足的同时，注重资源的节约和环境的保护，才能实现真正的美好生活。大学生在消费过程中更加注重环保和可持续发展，积极践行绿色消费理念，如选择低碳出行、减少使用一次性塑料制品、参与环保公益活动等。学校也通过环保宣传和绿色校园建设，引导大学生树立可持续发展的生活观。这种对环境和资源的关注，不仅体现了大学生对物质生活的高要求，也体现了他们对社会和自然的责任感。

在物质层面的美好生活观中，经济独立是新时代大学生追求的重要目标之一。随着社会经济的发展和就业市场的多样化，越来越多的大学生希望在学业之外，通过兼职、实习等方式获得经济收入，实现经济独立。这种对经济独立的追求，不仅能够提升大学生的生活质量，还能增强他们的社会适应能力和责任感。通过兼职和实习，大学生不仅获得了经济上的收益，还积累了社会经验，提高了自身的职业技能和竞争力，为未来进入职场做好了准备。

值得一提的是，新时代大学生在物质层面的美好生活观也体现在他们对教育投入的重视上。教育是改变命运的重要途径，是实现美好生活的关键手段。新时代的大学生深知知识的重要性，他们愿意在教育上进行投入，包括购买书籍、参加培训、在线学习等。这种对教育的重视和投入，体现了大学生对未来的期待和对美好生活的追求。学校也通过不断改善教育资源供给，满足大学生对优质教育的需求，为他们的成长和发展提供更好的平台。

总的来说，新时代大学生的美好生活观在物质层面表现出对生活条件、教育资源、就业机会、消费观念等多方面的综合追求。他们不仅希望在物质上得到满足，还希望在生活质量、健康水平、环境保护等方面有所提升。这种物质层面的追求，既反映了新时代经济社会发展的成果，也体现了大学生对自身生活品质的高要求。物质生活的改善为大学生追求美好生活提供了坚实的基础，而他们对物质生活的追求也不仅仅局限于个人的满足，还更加注重社会的进步和可持续发展，体现了新时代大学生的责任感和使命感。

二、精神层面

新时代大学生的美好生活观不仅体现在物质层面的追求上，也在精神层面得到了深刻的体现。在国家经济快速发展的背景下，大学生的物质需求得以逐步满足，他们对美好生活的追求逐渐延伸到精神层面，包括价值观的确立、个人发展与自我实现、社会责任感、心理健康以及文化生活等方面。

首先，价值观的确立是新时代大学生美好生活观在精神层面的重要组成部分。在社会主要矛盾转化的背景下，大学生逐渐认识到，个人幸福不仅仅来源于物质财富的积累，更取决于正确的人生价值观和道德信仰。新时代的大学生更加注重社会主义核心价值观的践行，将个人发展与社会进步相结合，形成了爱国、敬业、诚信、友善等良好的价值取向。他们不仅关心个人的物质利益，更关注社会的和谐发展，将个人的幸福与国家的繁荣紧密联系在一起。通过对社会主义核心价值观的认同，大学生在精神追求上找到了方向和动力，这种价值观的确立为他们追求美好生活提供了精神指引。

新时代大学生在精神层面上的追求还体现在对个人发展的重视与自我实现的渴望上。随着社会的不断进步，大学生不再满足于被动地接受教育和获取知识，而是更加主动地规划自己的人生，追求全面的发展和自我价值的实现。他们通过各种方式提升自己的综合素质，包括参加社会实践、参与志愿活动、进行创新创业等，以不断挑战自我、超越自我。大学生通过设立明确的目标，规划自己的职业生涯，努力提升自身的竞争力，力求在未来的职场中脱颖而出。这种自我实现的追求，使得大学生在追求美好生活的过程中更加自信和充实。

社会责任感也是新时代大学生精神生活的重要体现之一。作为国家未来的建设者，大学生深知自己肩负着社会发展的重要责任。新时代以来，国家的发展进入了新的阶段，大学生在社会责任感的驱动下，积极参与社会实践和公益活动，关注社会热点问题，主动为社会做出贡献。通过参加各类志愿服务活动，如扶贫助学、社区服务、环境保护等，大学生不仅帮助了需要帮助的人，也在过程中体会到助人为乐的快乐和社会责任感的满足。这种社会责任感的增强，使得他们在追求美好生活的过程中，不再仅仅关注个人的得失，而且更加关注社会的进步与和谐。

心理健康也是新时代大学生美好生活观在精神层面的重要组成部分。在当前快速发展的社会环境中，大学生面临着学业、就业、人际关系等多方面的压力，因此心理健康问题逐渐引起了社会和高校的广泛关注。大学生在追求美好生活的过程中，越来越重视心理健康的维护与提升。他们通过多种方式来改善心理状态，例如参加心理健康课程、接受心理咨询、与朋友交流等，以缓解生活中的压力，保持积极向上的心态。学校也在不断加强对学生心理健康的关注，通过设立心理咨询中心、开展心理健康教育活动等，帮助大学生建立健康的心理状态。这种对心理健康的重视，使得大学生在精神层面更加充实和稳定，为实现美好生活奠定了重要的基础。

文化生活的丰富是新时代大学生精神生活不可或缺的一部分。随着社会的发展和生活水平的提高，大学生对文化生活的需求不断增加，他们希望通过文化活动丰富自己的精神世界，提升生活的质量。校园中各种文化社团和艺术活动的兴起，为大学生提供了展示自我、追求艺术的舞台。音乐会、话剧、书法、绘画等多种形式的文化活动，使得大学生在紧张的学习生活之余，能够享受到艺术的熏陶，找到精神上的寄托。同时，互联网的发展也为大学生获取文化资源提供了极大的便利，他们可以通过网络观看电影、阅读书籍、学习各种文化知识，从而不断丰富自己的精神生活。

阅读是新时代大学生精神生活中的重要组成部分。读书不仅是一种获取知识的方式，更是一种心灵的享受和精神的修炼。新时代的大学生越来越重视阅读在个人成长中的作用，他们通过阅读拓宽视野、提升人文素养、增强思维能力。学校图书馆作为大学生阅读的重要场所，不仅提供了丰富的纸质书籍，还提供了电子资源和网络文献，满足了大学生对多样化阅读的需求。阅读活动的广泛开展，使得大学生的精神世界更加充实，也为他们追求美好生活提供了源源不断的动力。

审美能力的提升也是新时代大学生精神层面美好生活观的重要体现。随着社会的进步和物质生活的改善，大学生对美的追求不断提升，这种追求不仅体现在生活环境的审美上，也体现在对艺术、时尚等方面的热爱中。大学生通过参加艺术鉴赏课程、参观美术展览、参与文化创意活动等，培养了自身的审美能力和艺术修养。审美能力的提升，使得大学生对生活的理解更加深刻，他们学会了在日常生活中发现美、创造美，从而提升了生活的质量和幸福感。

人际关系和情感生活也是新时代大学生精神生活的重要内容。大学阶段是人生的重要转折点，是人际关系和情感发展的关键时期。新时代的大学生重视与同学、朋友、家人之间的情感交流，他们通过各种方式增进彼此之间的理解和支持。良好的人际关系为大学生提供了情感上的支持和心理上的慰藉，使他们在面对困难和挑战时能够更加从容和自信。与此同时，大学生在情感生活中也表现出对美好生活的追求，他们希望能够找到理解和支持自己的人，共同面对生活中的风雨，这种对情感的追求，使得他们的精神生活更加丰富和完整。

信仰和精神信念也是大学生精神层面美好生活观的重要组成部分。新时代的大学生不仅追求物质上的富足和生活质量的提高，也重视精神信仰的建立。他们通过学习马克思主义理论、习近平新时代中国特色社会主义思想和社会主义核心价值观，树立了正确的世界观、人生观和价值观，形成了坚定的信仰和精神追求。许多大学生通过参加党校培训、入党积极分子培训班等活动，增强了对党的认识和对中国特色社会主义事业的信心。这种信仰和精神追求，为大学生在面对生活中的困难和挑战时提供了强大的精神力量，使他们能够在实现美好生活的道路上更加坚定和自信。

总的来说，新时代大学生的美好生活观在精神层面表现为对价值观的确立、个人发展与自我实现、社会责任感、心理健康、文化生活、人际关系以及信仰的全面追求。这些精神层面的追求，不仅使得大学生的生活更加丰富和充实，也为他们的成长和未来的发展奠定了坚实的基础。新时代的大学生在追求物质富足的同时，更加注重精神生活的质量，努力在精神追求与物质追求的统一中实现美好生活。这种精神层面的追求，反映了新时代大学生对美好生活的深刻理解，也体现了他们作为未来社会建设者的责任感和使命感。

三、制度层面

新时代大学生的美好生活观除了体现在物质和精神层面外，还体现在制度层面的追求和保障上。制度层面的建设为大学生追求美好生活提供了重要的政策支持和制度保障，涵盖了教育公平、就业创业、社会保障、民主参与等多个方面。

首先，教育公平是制度层面推动新时代大学生实现美好生活的重要基础。国家高度重视教育公平，通过不断加大教育投入，改善办学条件，推动城乡、区域和群体之间教育资源的均衡配置，使得每一个大学生都有平等接受高质量教育的机会。各地高校的扩招以及对贫困地区学生的专项招生政策，使得更多家庭的孩子能够进入大学接受高等教育，从而改变自身命运，实现美好生活。国家还通过设立奖助学金、助学贷款等多种形式，帮助经济困难的学生顺利完成学业，消除他们在求学过程中遇到的经济障碍。这种对教育公平的制度保障，确保了每个大学生在实现美好生活的道路上享有平等的机会。

就业创业政策的完善是新时代大学生实现美好生活的重要保障。党的十八大以来，国家持续推动"放管服"改革，优化营商环境，鼓励大学生自主创业，为大学生提供了广阔的就业创业空间。各级政府出台了一系列支持大学生就业创业的政策措施，包括创业补贴、税费减免、创业培训、孵化基地建设等，为大学生创业提供了实实在在的帮助。高校也积极设立创新创业教育课程和创业指导服务，帮助大学生提升创业能力和实践技能。这些政策的实施，使得大学生在面对就业压力时有了更多的选择和支持，有助于他们实现个人发展和自我价值的实现，迈向美好生活。

社会保障制度的健全是大学生实现美好生活的重要制度支撑。国家不断完善社会保障体系，包括医疗保险、养老保险、失业保险等，为大学生提供了全面的社会保障。特别是在医疗保险方面，国家推行了城乡居民基本医疗保险制度，覆盖了包括大学生在内的全体城乡居民，使得大学生能够在校期间享受到基本的医疗保障，减轻了因疾病带来的经济负担。社会保障制度的完善，不仅提升了大学生的生活安全感，也为他们的未来发展提供了制度保障，帮助他们更加安心地追求个人理想和美好生活。

在住房保障方面，国家也出台了一系列政策措施，帮助大学生解决毕业后的住房问题。各地政府通过公租房、廉租房、人才公寓等形式，为刚进入职场的大学毕业生提供过渡性的住房支持，减轻他们的经济压力，帮助他们更好地适应社会生活。随着住房租赁市场的规范化，大学生在租房过程中也有了更多的权益保障，住房条件得到了有效改善。这些制度安排，为大学生提供了稳定的生活环境，使他们在进入社会的初期阶段能够更加专注于职业发展和个人成长。

制度层面的保障还体现在对大学生民主参与权利的重视和保障上。新时代以来，国家积极推动社会主义民主政治的发展，实行全过程人民民主，保障公民的民主权利。大学生作为社会中最具活力和创造力的群体之一，越来越多地参与到学校和社会的各项事务中。高校通过学生会、团委等组织，为大学生提供了参与学校管理和社会事务的渠道，使他们的意见和建议能够得到重视和采纳。同时，国家也鼓励大学生参与社区治理、社会公益活动等，为他们提供了表达自己意愿和参与公共事务的平台。这种对民主参与权利的保障，使得大学生在追求美好生活的过程中，能够更加积极主动地参与社会建设和公共事务，增强了他们的主人翁意识。

法治建设也是制度层面推动大学生实现美好生活的重要内容。国家不断加强法治建设，完善各项法律法规，为大学生的合法权益提供法律保障。高校也通过普法教育和法律援助服务，增强大学生的法律意识和维权能力，使他们在学习、生活和就业等方面的权益得到有效保护。法治的完善，使得大学生在追求美好生活的过程中有了更加稳定的法律环境，他们的合法权益得到了有效保障，从而增强了对未来生活的信心和安全感。

在生态文明建设方面，国家通过一系列政策措施，引导和鼓励大学生践行绿色生活理念。各级政府和高校通过环保宣传、绿色校园建设等方式，引导大学生树立环保意识，培养他们节约资源、爱护环境的生活习惯。学校还通过制定节能减排措施、推进垃圾分类等方式，推动绿色校园建设，使得大学生在学习生活中能够切身体会到环保的重要性。这些制度安排，使得大学生在追求美好生活的过程中，能够更加自觉地关注环境保护和可持续发展，为建设美丽中国贡献自己的力量。

总的来说，新时代大学生的美好生活观在制度层面得到了充分的体现和保障。教育公平、就业创业支持、社会保障体系、住房保障、民主参与权利以及法治建设等多方面的制度安排，为大学生追求美好生活提供了重要的支持和保障。这些制度不仅为大学生提供了物质上的支持，也为他们的精神追求和价值实现创造了良好的环境。通过制度层面的保障，大学生在追求美好生活的道路上更加充满信心和动力，努力在新时代中国特色社会主义事业中实现个人梦想和社会价值的统一。

第三节　新时代大学生美好生活观的特征

新时代的大学生是伴随中国经济社会快速发展和全面改革而成长的一代，他们的美好生活观在新时代的社会大背景下形成并不断发展。新时代大学生的美好生活观具有独有的特征，这些特征不仅反映了当代大学生对幸福生活的深刻理解，也折射出我国社会主要矛盾的变化、文化环境的演变以及教育理念的转变。本书将从物质、精神、社会三个层面对新时代大学生美好生活观的特征进行深入探讨。

一、物质生活的品质性

物质生活是美好生活的重要组成部分。对于新时代的大学生来说，物质富足是美好生活的基础，但他们对物质的追求并不仅限于拥有大量的财富或财产，而且更加注重生活的品质和细节。新时代大学生在物质层面的追求不仅体现了对经济水平提高的重视，还强调了健康、舒适和可持续发展的生活方式。

首先，新时代大学生的美好生活观反映了对高品质生活的追求。他们注重生活质量，希望在生活的各个方面都能够享受现代化和便利化的服务。例如，大学生对于居住环境的要求越来越高，希望拥有干净、舒适且智能化的宿舍或公寓。此外，他们对饮食质量、生活用品、服装等方面也有着越来越高的要求，偏好健康环保的食品、时尚优质的服饰以及设计精良的生活用品。这种追求高品质的物质生活，是他们美好生活观的重要体现。

其次，新时代大学生对健康生活方式的重视也体现了他们在物质生活层面的独特特征。健康的身体是美好生活的基础，大学生越来越注重通过饮食、运动、休息等方式来保持身体健康。他们热衷于健身、跑步、骑行、游泳等体育活动，积极参加学校组织的各种体育赛事和活动。同时，健康饮食也成为他们生活中的重要组成部分，越来越多的大学生选择低脂、低糖、高纤维的食品，避免垃圾食品的摄入。这种对健康生活方式的重视，不仅是对物质生活的追求，也是对自身生活质量和幸福感的提升。

此外，新时代大学生在消费观念上也表现出鲜明的特点，即理性消费与可持续消费的融合。相比以往的追求炫耀性消费或盲目攀比，新时代的大学生更倾向于根据个人需求进行理性消费。他们在选择产品时更加注重性价比，关注商品的品质和实用性，避免盲目消费。同时，大学生也逐渐意识到消费对环境的影响，开始践行可持续消费理念，选择环保、节能的产品，支持绿色生活方式。例如，越来越多的大学生选择共享单车作为出行工具，选择环保材质的日用品，减少一次性塑料制品的使用。这种消费观念的变化，反映了他们对美好生活的理解逐渐从追求物质享受转向追求人与自然的和谐共处。

二、精神追求的多样化

新时代大学生的美好生活观具有强烈的精神追求，他们的精神生活更加丰富、追求更加多样化，注重精神世界的深刻性和内涵的提升。这一特征主要表现在个人价值的实现、文化素养的积累、社会责任的承担以及心理健康的关注等方面。

首先，新时代大学生注重个人价值的实现，将自我实现视为美好生活的重要内容。他们不仅关注物质生活的富足，更希望通过努力学习和不断提升自我，实现个人价值，为社会做出积极贡献。大学生通过学习专业知识、参加社会实践、从事创新创业等方式，力求在个人发展和职业生涯中取得成功，展现自身的价值和才华。这种对自我实现的追求，使得新时代大学生在精神层面上充满自信和动力。

其次，新时代大学生在精神追求上表现出对文化素养积累的重视。他们不仅关注物质生活的丰富，还重视精神文化生活的提升，积极参加各种形式的文化活动，如阅读文学作品、欣赏艺术展览、参与文化讲座等。大学生通过文化活动提升自己的审美能力、文化修养和人文素质，使得他们的精神世界更加充实和丰富。此外，互联网的普及使得大学生可以便捷地获取各类文化资源，这也促进了他们对文化知识的广泛涉猎和深入理解。

社会责任感的增强是新时代大学生美好生活观精神追求的重要特征之一。随着社会主要矛盾的变化，大学生逐渐意识到个人与社会的紧密联系，认识到实现美好生活不仅是个人的追求，也与社会的发展和进步息息相关。因此，新时代大学生更加关注社会问题，积极参与社会公益活动和志愿服务，关心弱势群体，努力为社会的和谐与进步贡献力量。通过参与这些活动，大学生不仅提升了自己的社会责任感，也在服务他人和社会的过程中获得了精神上的满足和幸福感。

心理健康也是新时代大学生精神追求的重要内容。在竞争激烈的社会环境中，大学生面临着学业、就业、家庭等多方面的压力，因此他们对心理健康的关注显得尤为重要。新时代的大学生越来越认识到心理健康对个人幸福生活的重要性，开始通过多种方式提升自己的心理健康水平。例如，他们会参加心理健康讲座，学习应对压力的方法，与朋友或心理咨询师进行沟通，缓解心理压力，保持积极向上的生活态度。大学和社会对心理健康的重视也使得大学生能够获得更多的心理支持和帮助，这种对心理健康的关注和维护，体现了新时代大学生对美好生活的全面理解和追求。

三、集体意识与个体独立的平衡性

新时代大学生的美好生活观还表现出集体意识与个体独立的平衡，这种特征反映了大学生在追求个人幸福与社会和谐之间的协调和统一。他们在追求个体独立、注重个性发展的同时，也深刻认识到集体和社会对个人成长的重要性，力求在个体与集体之间找到平衡点。

首先，新时代大学生高度重视个体独立和自我意识的觉醒。他们希望通过学习和努力，实现经济上的独立和人格上的成熟，掌控自己的生活。大学生在学业、职业选择、生活方式等方面表现出较强的自主性，他们勇于探索未知领域，挑战自我，追求独立自主的生活状态。这种对个体独立的追求，使得大学生更加注重自我规划、自我提升和自我实现，力求在激烈的社会竞争中脱颖而出。

其次，新时代大学生也表现出强烈的集体意识和社会责任感。他们认识到个体的成长和发展离不开集体和社会的支持，因此在追求个人发展的同时，也注重为集体和社会贡献力量。在学校生活中，大学生积极参与集体活动，如班级建设、社团活动等，增强了与同学之间的联系，培养了团队合作精神。他们也通过志愿服务、社会实践等形式，为社区和社会的发展贡献自己的力量，体现了对集体和社会的关心和责任感。这种集体意识的增强，使得大学生在追求个人幸福的同时，也更加关注社会的和谐与进步。

新时代大学生在集体意识与个体独立之间的平衡还体现在对多元文化的包容和开放上。大学生的思想更加开放，他们对不同文化、不同思想表现出强烈的包容性和接受度。在校期间，大学生有机会接触到来自全国各地甚至世界各地的同学，体验多元文化的魅力。这种文化上的多样性和包容性，促使大学生在追求美好生活时，既能保持个体的独特性，又能融入集体，尊重他人的差异，与他人和谐相处。

四、生活方式的信息化

新时代大学生的美好生活观还体现出对科技进步和信息化生活的高度融合。科技的进步极大地改变了大学生的生活方式，互联网、智能手机、人工智能等科技的发展，使得大学生的生活更加便捷和高效。

首先，互联网的普及和信息化技术的发展，使得新时代大学生能够更加便捷地获取知识和信息。他们可以通过网络学习各种课程，扩展自己的知识领域；通过社交媒体与他人交流，分享自己的生活和观点。这种信息化生活方式，不仅丰富了大学生的生活内容，也使得他们在追求美好生活的过程中能够更加高效和便捷。同时，大学生还可以通过各种在线平台获得生活服务，例如在线购物、外卖订餐、在线支付等，极大地提高了生活的便利性和舒适度。

其次，科技进步对大学生的学习和职业规划产生了深远影响。随着人工智能、大数据、云计算等新技术的广泛应用，大学生对自身未来的发展有了新的思考和规划。他们认识到，科技进步不仅改变了传统的职业模式，也为他们提供了更多的职业选择和发展机会。因此，大学生更加注重科技素养的提升，积极学习与科技相关的知识和技能，以应对未来的职业挑战。这种对科技进步的重视和对信息化生活的融入，反映了新时代大学生对美好生活的现代化追求。

最后，科技进步还使得大学生在社会参与和公共事务中有了更多的机会和方式。通过社交媒体和各类在线平台，大学生可以更加便捷地表达自己的观点，参与社会讨论，关注社会热点问题。他们可以通过网络签名、在线募捐等方式，支持社会公益事业，为社会的进步和发展贡献自己的力量。这种对科技的积极利用，使得新时代大学生在追求美好生活的过程中，能够更加主动地参与社会事务，体现了他们作为公民的责任感和主人翁意识。

五、生活理念的创新性

新时代大学生的美好生活观还表现出强烈的创新精神和未来导向。他们不仅关注当前的生活质量，更加注重对未来的规划和创新。

首先，创新精神是新时代大学生美好生活观的重要特征之一。大学生是社会中最具活力和创造力的群体之一，他们在学习和生活中充满好奇心，勇于尝试新事物，敢于突破传统思维的束缚。在高校中，越来越多的大学生积极投身于科技创新和创业实践，他们通过创新创业大赛、科研项目、实习实践等形式，锻炼自己的创新思维和实践能力。这种创新精神不仅使得大学生能够在学业和职业生涯中取得突破，也为他们实现美好生活提供了不竭的动力。

其次，新时代大学生的美好生活观具有强烈的未来导向。他们不仅关注当下的生活状态，也对未来有着明确的规划和目标。大学生在学业上努力学习、在职业上积极准备，希望通过自身的努力，为未来的美好生活打下坚实的基础。许多大学生通过考研、出国留学、技能培训等方式，不断提升自身的能力和素质，以适应未来社会的需求和挑战。

此外，新时代大学生在追求未来美好生活的过程中，展现出了积极应对变化的适应能力。在当今快速变化的社会环境中，新技术、新产业不断涌现，大学生对未来的不确定性保持开放的态度，他们愿意通过不断学习和自我提升，来应对变化和挑战。大学生对职业生涯的规划不再拘泥于传统的就业模式，他们更加注重多元化发展，尝试不同的职业方向和发展路径，力求在不确定的未来中找到属于自己的位置。

新时代大学生的未来导向还体现在对可持续发展的关注上。面对全球环境问题和气候变化的挑战，大学生意识到个人生活与地球环境之间的密切联系。他们在规划未来生活时，积极践行绿色生活理念，注重环保和节能减排。越来越多的大学生参与到环保公益活动中，支持绿色经济和可持续发展，努力在实现个人美好生活的同时，为社会和地球的未来做出贡献。

六、生活价值的多元性与包容性

新时代大学生的美好生活观还体现出强烈的社会参与意识和对多元文化的包容性。他们不仅关注个人生活的幸福感，也积极参与社会事务，关心公共利益，努力为社会的进步与和谐贡献自己的力量。

首先，社会参与是新时代大学生美好生活观的重要特征之一。大学生是社会中最具活力和思想最活跃的群体，他们通过各种方式参与到社会事务中，包括志愿服务、社区建设、社会调研等。这种社会参与不仅使大学生更好地了解社会现实，也使他们在参与社会实践的过程中，增强了对社会的责任感和使命感。许多大学生积极参与志愿者活动，如扶贫助学、社区服务、环境保护等，他们通过自己的努力帮助需要帮助的人，为社会的进步贡献力量。在社会参与中，大学生不仅获得了成就感和满足感，也增强了对社会的认同感和归属感。

其次，多元包容是新时代大学生美好生活观的重要组成部分。在全球化和信息化的背景下，大学生对不同文化、不同背景的人和事物表现出强烈的包容性和接受度。大学生在校园中接触到来自不同地区、不同民族、不同国家的同学，他们通过交流和互动，逐渐形成了尊重差异、包容多样的文化观念。这种多元包容的态度使得大学生在追求美好生活的过程中，能够与不同背景的人和谐相处，共同进步。

新时代大学生的多元包容还体现在对新思想、新观念的开放态度上。他们乐于接受新的理念和价值观，愿意探索不同的生活方式和思维方式。例如，大学生对性别平等、社会公正等议题表现出高度的关注和支持，他们积极参与相关的讨论和活动，推动社会的进步和变革。这种对多元文化和新思想的包容，使得大学生的美好生活观更加开放和多样化，也为他们在未来的社会生活中更好地适应和融入创造了条件。

七、集体精神与个人幸福的融合

新时代大学生的美好生活观还表现为集体精神与个人幸福的有机融合。大学生在追求个人幸福的同时，也注重集体的利益和社会的和谐发展，力求在个人与集体之间找到平衡，实现共同幸福。

首先，新时代大学生注重集体精神，强调团队合作和互助共赢。在校园生活中，大学生通过班级活动、社团组织、社会实践等多种形式，参与集体活动，培养团队合作精神。他们认识到，个人的发展离不开集体的支持，集体的进步也需要每个成员的共同努力。因此，大学生在学习和生活中，注重与他人的合作与沟通，积极为集体的建设和发展贡献自己的力量。这种集体精神的培养，使得大学生在追求美好生活的过程中，能够更好地与他人协作，共同创造美好的生活环境。

其次，新时代大学生在追求个人幸福的过程中，也注重集体和社会的福祉。他们认识到，个人的幸福与社会的和谐发展是紧密相连的，只有在一个公平、正义、和谐的社会中，个人的幸福才能得到更好的实现。因此，大学生在追求个人发展的同时，也积极参与社会公益事业，关心社会弱势群体，努力为社会的和谐与进步贡献力量。这种集体精神与个人幸福的融合，使得大学生的美好生活观更加全面和深刻。

八、家国情怀与全球视野的统一性

新时代大学生的美好生活观还表现为家国情怀与全球视野的兼备。他们在追求个人幸福的过程中，既有对祖国的热爱和对民族复兴的责任感，也有对全球事务的关注和对人类命运共同体的认同。

家国情怀是新时代大学生美好生活观的重要特征之一。大学生作为国家的未来和民族的希望，深知个人的发展与国家的命运密不可分。他们在学习和生活中，始终关心国家的发展和社会的进步，积极参与爱国主义教育活动，增强对祖国的认同感和自豪感。在重大社会事件和国家需要的时候，大学生表现出强烈的爱国热情和责任感，如在疫情防控中，许多大学生主动报名参加志愿服务，为社区和社会贡献自己的力量。这种家国情怀，使得大学生在追求美好生活的过程中，将个人的幸福与国家的发展紧密结合在一起。

与此同时，新时代大学生也具备广阔的全球视野。他们关注国际事务，关心全球性问题，如气候变化、贫困、战争与和平等。大学生通过互联网、国际交流项目、学术会议等途径，了解世界的多样性和复杂性，培养对不同文化的理解和尊重。他们认识到，在全球化的时代，个人的美好生活与世界的和平与发展息息相关，因此，他们在追求个人目标的同时，也关注全球公共利益，致力于推动国际合作与交流。这种家国情怀与全球视野的兼备，使得新时代大学生的美好生活观更加丰富和深刻，也为他们在未来的社会中扮演更加重要的角色奠定了基础。

总之，新时代大学生的美好生活观具有多样化、开放性和进取性的显著特征。他们在物质、精神、社会等多个层面追求全面的发展，注重创新精神与未来导向，强调集体精神与个人幸福的融合，适应科技进步与数字化生活，兼备家国情怀与全球视野。这些特征不仅反映了新时代大学生对幸福生活的深刻理解，也展示了他们作为未来社会建设者的责任感和使命感。在新时代中国特色社会主义的引领下，大学生们在追求美好生活的道路上，展现出青春的活力与智慧，努力实现个人梦想与社会价值的统一。

第三章

美好生活观形成的历史维度

第一节　中国共产党成立至新中国成立的美好生活观

一、第一次国内革命战争时期的美好生活观

第一次国内革命战争时期（1924—1927年）是中国共产党与中国国民党合作推动国民革命的重要阶段。在这一时期，中国共产党提出的美好生活观，围绕着反帝反封建、民族独立与社会进步展开。这一时期的美好生活观形成于复杂的社会环境和革命实践中，体现了党对工农大众的深切关怀和对社会公平的追求。

（一）反帝反封建：民族独立与人民解放的追求

第一次国内革命战争时期，中国共产党深刻认识到，只有推翻帝国主义和封建势力的压迫，才能为人民创造美好的生活。因此，这一时期的美好生活观首先表现为民族独立和人民解放的政治诉求。党认为，人民要过上美好的生活，就必须摆脱帝国主义列强的侵略和封建军阀的压榨，建立独立自主的新国家。

这一时期，党通过与国民党的合作，积极参与和引导国民革命，发动工农群众，推动反帝反封建的斗争。美好生活不仅仅是物质生活的改善，更是一种

政治上的自由与民族的独立，是全体劳动人民尊严与权利的保障。共产党人明确提出了反帝反封建的目标，强调人民的政治权利和社会地位，倡导通过革命来实现工农大众的解放，进而达到社会的全面进步。

(二)工农运动：改善劳动者的生活条件

在第一次国内革命战争时期，中国共产党通过领导工农运动，推动底层社会的变革，将美好生活观具体化为对劳动者权利的争取和生活条件的改善。工人运动方面，共产党通过组建工会，领导工人罢工，争取改善劳动条件，提高工资待遇。这一时期，工人罢工斗争如火如荼，特别是在广州、上海等地，工人们通过集体斗争获得了一定的劳动保障，生活条件得以逐步改善。

农民运动方面，共产党通过发动农民协会，推动减租减息的斗争，努力减轻农民的经济负担。党认识到，土地问题是农民生活困苦的根源，要实现农民的美好生活，必须进行土地制度的改革。虽然在第一次国内革命战争时期，土地问题尚未得到根本解决，但通过农民协会的努力，农民的生活状况有所改善，为后来土地革命的开展奠定了重要基础。

(三)妇女解放：争取社会平等与个体自由

美好生活观在这一时期还包括了妇女解放的内容。中国共产党认识到，妇女在半殖民地半封建的社会中长期受到压迫，要实现全体人民的美好生活，就必须争取妇女的解放和社会地位的提高。在广州和武汉等革命中心，共产党积极推动妇女运动，帮助妇女争取婚姻自由、受教育的权利以及平等的劳动机会。

妇女解放不仅是社会进步的重要标志，也是实现美好生活的关键一步。共产党认为，只有让妇女摆脱封建礼教的束缚，积极参与社会革命，才能实现真正的社会进步和全体人民的幸福。因此，妇女解放在这一时期被纳入了党的美好生活观之中，成为推动社会变革的重要力量。

(四)联合战线：团结各阶层人民实现共同愿景

在第一次国内革命战争时期，中国共产党通过国共合作，倡导建立广泛的革命统一战线，团结工人、农民、小资产阶级和民族资产阶级，共同为反帝反封建的目标而奋斗。这种广泛的团结策略体现了党对美好生活观的包容性理解，即美好生活不仅是某一阶层的利益诉求，也是全民族的共同愿望。

中国共产党认为，只有通过联合战线，调动社会各个阶层的力量，才能彻底推翻压迫人民的反动势力，实现民族独立和人民解放，进而创造一个全体人民共同享有的美好生活。这种广泛联合的美好生活观体现了中国共产党在革命初期对社会整体幸福的追求，反映了党对实现人民共同福祉的坚定信念。

总的来说，第一次国内革命战争时期的美好生活观，是中国共产党在民族独立、社会变革和人民解放的实践中逐步形成的，具有鲜明的政治性和时代性。通过反帝反封建的斗争，推动工农运动，倡导妇女解放和建立广泛的革命统一战线，中国共产党逐步构建了这一时期的美好生活理想。这种理想不仅包含物质生活的改善，还包含了政治上的独立、社会公平、性别平等等多方面的内容，是对中华民族整体幸福的全面追求。党的美好生活观为后来新民主主义革命的深入发展奠定了思想基础，也为实现全体人民的共同幸福指明了方向。

二、土地革命战争时期的美好生活观

土地革命战争时期是中国共产党在农村开展土地革命、建立红色根据地的重要阶段。这一时期的美好生活观主要体现在土地制度的变革、农民生活条件的改善、社会公平的实现以及革命根据地的建设等方面。中国共产党在这一阶段的主要工作逐渐由城市转向农村，重心放在解决广大农民最迫切的土地问题上，探索为农民谋求美好生活的道路。

(一) 土地改革：打破封建土地制度，保障农民生活

土地革命战争时期，中国共产党深刻认识到，广大农民的美好生活首先在于土地的获得和耕种权的保障。因此，土地改革成为党在这一时期的核心任务。党通过制定并实施"打土豪、分田地"的政策，将土地分配给贫苦农民，使农民拥有自己的耕地，彻底打破了封建土地制度对农民的剥削。

土地改革的成功实施，使得农民从封建地主的束缚中解放出来，第一次真正成为土地的主人。这种土地制度的变革，使得广大农民的生活条件得到了极大改善，粮食生产得以保障，基本生活得以维持和改善。这一阶段的美好生活观，首先体现在通过土地的重新分配，实现农民对土地的所有权和生产的自主权，使农民获得了经济上的独立和生活上的保障。

(二)农村社会建设：提高农民生活质量

在土地革命战争时期，中国共产党不仅通过土地改革改变农民的生产条件，还通过加强农村社会建设，全面提高农民的生活质量。共产党在各个根据地开展了一系列社会改革，包括建立农会、改进农业生产技术、推广文化教育和医疗卫生等，目的在于提高农民的生活水平和社会地位。

通过建立农会，共产党动员和组织农民参与基层管理，使农民成为社会变革的主体。农会的成立，极大地增强了农民的凝聚力和主人翁意识，使农民在政治和社会生活中拥有了更多的发言权。这一时期的美好生活观，体现为广大农民不仅在经济上获得了土地，还在政治上获得了参与社会事务的机会，享有更大的自主权。

此外，中国共产党在根据地开展文化教育工作，建立夜校和识字班，帮助农民提高文化水平，使他们能够更加有效地参与社会生活。这些措施显著提高了农村地区的教育水平和农民的文化素养，推动了社会的进步和发展，也使得农民的生活更加丰富多彩。

(三)社会公平与阶级解放：为农民争取平等地位

土地革命战争时期，中国共产党明确提出消灭封建剥削，实现社会公平和阶级解放的目标。通过土地改革，打击了封建地主阶级，消除了农民世代受剥削的根源，初步实现了社会的公平正义。这一时期的美好生活观，体现在通过阶级斗争为农民争取平等地位，让他们摆脱阶级压迫，成为社会的平等成员。

中国共产党在各个革命根据地废除了封建剥削制度，建立了以平等和互助为基础的社会关系，农民不再受地主的压迫，而是以平等身份参与社会生产和生活。这种社会公平的实现，是土地革命时期美好生活观的重要体现，标志着广大农民在经济、政治和社会地位上的根本改善。

(四)红色根据地建设：构建共同富裕的美好生活

土地革命战争时期，中国共产党在井冈山、瑞金等地建立了革命根据地，根据地的建设为农民提供了稳定的生产和生活环境。在这些根据地内，共产党推行了一系列经济和社会政策，保障人民的基本生活需要，共同建设美好生活。

在根据地内，共产党采取合作互助的方式组织生产，鼓励农民之间的互助合作，共同应对自然灾害和经济困难。通过建立合作社，农民能够在集体的帮助下提高生产效率，增加收入，改善生活水平。此外，共产党还在根据地内开展卫生运动，建立医疗机构，改善农民的健康状况。这些措施都体现了共产党对农民美好生活的关怀和追求。

红色根据地的建设，不仅为土地革命提供了坚实的基础，也为农民创造了一个相对安定的生活环境，使他们能够在政治上、经济上和社会上实现全面的发展。这一时期的美好生活观，体现为通过根据地的建设，逐步实现共同富裕和社会进步，推动农民生活水平的提高和社会的全面进步。

土地革命战争时期的美好生活观，是在中国共产党的领导下，通过土地改革、农村社会建设、阶级解放和根据地建设等途径逐步形成的。这一时期，中国共产党通过打破封建土地制度，推动社会公平和阶级解放，积极建设红色根据地，努力为农民创造美好生活。土地革命战争时期的美好生活观，不仅关注农民的物质生活改善，更强调政治上的解放和社会地位的提高，体现了党对农民全面福祉的追求和对社会公平正义的坚定信念。

三、抗日战争时期的美好生活观

抗日战争时期，中国共产党领导广大人民群众进行艰苦卓绝的抗日斗争，同时致力于根据地建设和改善人民的生活条件，形成了具有鲜明特色的美好生活观。这一时期的美好生活观主要体现在民族独立与国家解放的追求、生产自救与经济发展的努力、社会福利与人民生活保障的加强，以及人民民主与基层自治的实践等方面。

(一) 民族独立与国家解放：为美好生活奠定基础

抗日战争时期，中国共产党将实现民族独立作为美好生活的首要目标。面对日本帝国主义的侵略，中国共产党认识到，只有驱逐外敌、恢复民族独立，才能为人民创造美好的生活。这一时期的美好生活观体现了鲜明的民族救亡意识，强调通过全民族抗战，争取国家独立和人民的自由幸福。

中国共产党在这一时期提出了"全民抗战"的号召，广泛动员工农兵学商各界群众投入抗日斗争，强调抗战胜利是实现人民美好生活的前提和基础。通过组织八路军、新四军深入敌后开展游击战，共产党建立了抗日根据地，推动了民族解放运动的深入发展。抗日战争时期的美好生活观，首先表现为民族独立，是全体中国人民共同奋斗的目标。

（二）生产自救与经济发展：保障人民的基本生活

抗日战争时期，中国共产党在抗日根据地内大力开展生产自救运动，以应对战争环境下的经济困难，保障根据地人民的基本生活需求。面对日本侵略者的经济封锁和破坏，中国共产党领导根据地人民开展农业生产、手工业和小型工业生产，力图实现经济上的自给自足，以保证人民的基本生存条件。

通过"自己动手，丰衣足食"的号召，各根据地掀起了大生产运动。广大军民积极投入生产，开荒种地，纺纱织布，努力增加粮食和生活物资的供给。这一时期的美好生活观，体现为自力更生、艰苦奋斗的精神，通过劳动创造生活条件，保障人民的基本生活需求。同时，中国共产党还倡导节约粮食、合理分配资源，确保在战争的艰苦环境下，人民的基本生活能够得到保障。

（三）社会福利与人民生活保障：关心群众生活

在抗日根据地建设中，中国共产党非常重视人民的生活保障，努力为人民提供基本的社会福利。这一时期的美好生活观，体现为在极端艰难的战争条件下，尽可能改善人民的生活，增强人民的抗战意志和信心。为此，中国共产党在根据地内建立了一系列社会福利制度，包括合作医疗、社会救济和教育福利等。

在医疗方面，中国共产党在根据地内建立了简易的医疗体系，培养了大量的卫生员和医护人员，为军民提供基本的医疗服务，尤其是在前线，医疗队为伤员提供及时救治，减轻了战争带来的伤痛。在社会救济方面，共组织了针对贫困群众的救济工作，帮助因战争失去生活来源的困难家庭，确保每个群众在战争时期都能获得基本的生活保障。

在教育方面，根据地内建立了大量的学校和识字班，特别是面向儿童和青少年的教育工作得到了广泛开展。通过普及基础教育，提高了根据地人民的文化素质，增强了他们参与抗战和社会建设的能力。这些社会福利措施，不仅改善了人民的生活质量，也增强了人民群众对抗日斗争的信心和支持。

（四）人民民主与基层自治：人民当家作主

抗日战争时期，中国共产党在根据地内积极推行人民民主和基层自治，建立了一套以人民为主体的基层治理体系，使人民真正成为社会的主人。这一时期的美好生活观，体现为人民在政治上的自主和民主权利的实现，通过参与社会管理和决策，逐步形成了"人民当家作主"的政治理念。

在根据地内，中国共产党通过推行"三三制"政权，广泛吸纳工人、农民、小资产阶级和开明绅士等社会各阶层代表参与基层政权的管理，建立起了一种广泛的、包容的民主政治形式。通过这一制度，根据地内的人民群众有机会直接参与政治生活，表达自己的意见，维护自身的利益。这种基层民主的实践，使得根据地人民的政治地位得到了显著提高，增强了他们对社会的主人翁意识。

此外，中国共产党还通过建立村民自治组织，鼓励村民参与乡村治理，形成了一种以群众为主体的自治模式。在村民自治的过程中，人民群众自觉参与公共事务管理，共同制定村规民约，解决生产生活中的实际问题。这种基层自治的实践，使人民在社会管理中获得了更多的发言权和参与权，体现了美好生活观中对政治平等和民主权利的追求。

抗日战争时期的美好生活观，体现了中国共产党在极端艰苦的战争环境中对民族独立、人民幸福和社会进步的全面追求。通过争取民族独立和国家解放，党为人民创造了追求美好生活的前提；通过开展生产自救和经济建设，保障了人民的基本生活需求；通过加强社会福利和生活保障，改善了人民的生活条件；通过推行人民民主和基层自治，使人民真正成为社会的主人。抗日战争时期的美好生活观，不仅是对人民物质生活的改善，更是对人民政治权利和社会地位的提升，体现了党对全体人民福祉的全面关怀和对社会公平正义的坚定追求。

四、解放战争时期的美好生活观

解放战争时期是中国共产党领导全国人民推翻国民党反动统治，争取全国解放的重要阶段。这一时期，中国共产党不仅致力于取得军事上的胜利，还深入推进土地改革，改善人民生活条件，建立人民政权，形成了独具时代特征的美好生活观。这一时期的美好生活观主要体现在解放全中国的目标、土地改革与农民生活的改善、经济发展与社会福利的建设，以及民主政权的建立和人民政治地位的提升等方面。

（一）解放全中国：实现人民解放

解放战争时期，中国共产党将"解放全中国"作为实现人民美好生活的首要目标。经过十四年抗战，民族独立的目标基本实现，但国民党反动统治的压迫依然严重，人民的生活困苦不堪。在这种情况下，中国共产党认识到，只有彻底推翻国民党的腐败统治，建立人民民主的新中国，才能为人民创造真正的美好生活。

这一时期的美好生活观，首先体现在争取全民族解放、推翻反动统治的政治目标上。中国共产党领导人民军队发动战略进攻，通过辽沈、淮海和平津三大战役，彻底粉碎了国民党的军事力量，为建立新中国奠定了基础。通过解放战争的胜利，共产党不仅实现了国家的统一和民族的独立，更为广大人民群众创造了摆脱压迫、追求幸福生活的政治条件。

（二）土地改革：改善农民的生活条件

在解放战争时期，土地改革是中国共产党改善农民生活的核心举措。广大农民美好生活的实现首先在于土地的获得和对土地的占有权。随着解放区的扩大，中国共产党在各地深入推进土地改革，通过"打倒地主阶级、分田分地"的政策，将土地分配给无地和少地的农民。

土地改革极大地改变了农民的生活状况，使他们从封建地主的剥削中解放出来，真正成为土地的主人。通过土地的重新分配，农民不仅获得了生产资料，还增强了对未来生活的信心。土地改革带来的经济独立，使得农民有能力改善生活条件，增加家庭收入，提升生活质量。这一时期的美好生活观，体现为通过土地改革，打破旧的封建土地关系，实现农民的经济自主和生活的改善。

（三）经济发展与社会福利：恢复与发展生产

解放战争时期，中国共产党在解放区内采取了一系列经济政策，恢复和发展生产，保障人民的基本生活需求。党在解放区内推行生产互助合作的政策，鼓励农民组成生产互助组，通过集体劳动提高生产效率，增加粮食产量，确保人民的基本生活需要得到满足。

在城市，共产党接管了原国民党控制的工矿企业，恢复生产，保障工人的基本权益，努力稳定城市居民的生活。同时，在解放区内，共产党还注重发展手工业和小型工业，推动经济的多样化发展，增强经济的自给能力。通过恢复和发展生产，解放区人民的生活条件得到了显著改善。

社会福利方面，共产党在解放区内推行了一系列社会保障措施，建立了合作医疗体系，为人民提供基本的医疗服务。解放区的卫生工作逐步发展，群众的健康状况得到了改善。此外，共产党还在解放区内大力推进教育事业，建立学校，普及基础教育，提高人民的文化水平。这些措施体现了党对人民生活福祉的关怀，使解放区人民的生活质量得到全面提升。

(四)人民民主政权的建立：人民当家作主

解放战争时期，中国共产党在各解放区内积极建立人民民主政权，推动基层民主建设，使人民群众真正成为社会的主人。中国共产党在解放区内实行普选制度，广泛动员人民群众参加选举，选举自己的代表，建立各级人民政权。这一时期的美好生活观，体现为人民在政治上的解放和民主权利的实现。

通过建立人民代表大会制度和村民自治组织，共产党推动了基层民主的落实，使得人民群众能够直接参与社会管理和决策，表达自己的利益诉求。这种基层民主的实践，不仅增强了人民群众的主人翁意识，也为新中国的建立奠定了广泛的社会基础。解放战争时期的美好生活观，强调人民当家作主，体现了共产党对社会公平和政治平等的追求。

解放战争时期的美好生活观，是中国共产党在争取全民族解放、改善人民生活条件和建立人民民主政权的过程中逐步形成的。这一时期，党通过领导解放战争，推翻国民党反动统治，为人民追求美好生活创造了政治前提；通过土地改革，使农民获得了经济独立，改善了生活条件；通过经济发展和社会福利建设，恢复和提高了人民的生活水平；通过建立人民民主政权，使人民在政治上获得了当家作主的地位。解放战争时期的美好生活观，不仅是对人民物质生活的改善，更是对人民政治地位的提升，体现了党对全体人民福祉的全面关怀和对社会公平正义的坚定追求。

第二节 新中国成立至改革开放时期的美好生活观

新中国成立至改革开放时期是中国共产党领导全国人民进行社会主义建设的关键阶段。在这一时期，中国共产党通过建立社会主义制度，推动工业、农业和手工业改造，开展社会福利建设，以及实现社会公平，逐步形成了具有中国特色的美好生活观。新中国成立后，中国共产党致力于通过经济、政治、社会等多方面的改革和建设，为全国人民创造美好的生活。这一时期的美好生活观，主要体现在社会主义制度的确立与社会平等的实现、工业化与农业集体化的推进、社会福利的建立与人民生活的改善，以及社会主义精神文明建设等方面。

一、社会主义制度的确立与社会平等的实现

新中国成立后，中国共产党领导全国人民建立了社会主义制度，将其作为实现美好生活的根本保障。社会主义制度的确立，标志着中国告别了几千年的封建压迫和剥削，实现了广大劳动人民在政治、经济和社会地位上的根本翻身。通过建立人民民主专政的政权，中国共产党保证了工农大众在国家政治生活中的主体地位，消除了旧社会的不平等现象，为全体人民追求美好生活奠定了制度基础。

1954 年，全国人民代表大会通过了第一部《中华人民共和国宪法》，明确规定了国家的社会主义性质和人民在社会中的地位，保障了人民的基本权利和自由。这一时期的美好生活观，体现为人民政治地位的提高和社会公平的实现。通过政权的民主化，人民群众真正成为国家的主人，享有平等的政治权利和社会地位，参与国家和社会事务的管理和决策。

在经济上，中国共产党实行生产资料公有制，通过土地改革和国有化运动，实现了土地和工业生产资料的社会主义改造。土地改革将土地重新分配给广大农民，随后通过农业集体化，将小农经济逐步纳入集体化的生产体系，消除了土地的私有制，奠定了农民追求美好生活的经济基础。工业领域的国有化和社会主义改造，也使得工人阶级成为国家的主人，享有与生产资料相联系的权益，为实现全体人民的共同富裕奠定了基础。

　　这一时期，中国共产党致力于通过一系列社会改革和制度创新，确保社会的公平和正义。土地改革的成功实施，彻底打破了地主阶级对土地的垄断，使得广大的农民群众获得了土地的所有权和使用权，从而在经济上实现了独立。农民不再需要缴纳高额地租，生活压力得到了极大减轻，获得了改善生活的机会。这种土地所有制的变革，使得农民的生产积极性大大提高，推动了农村经济的快速发展，也为农村地区的美好生活奠定了物质基础。

　　此外，在城市中，国家通过对私营工商业的社会主义改造，将主要的生产资料收归国有，工人阶级成为工厂的主人。通过工会组织，工人们能够直接参与企业管理，维护自身的权益。这种经济制度的变革，使得工人阶级从被剥削的地位转变为生产资料的共同所有者，不仅提升了工人的社会地位，也增强了他们对国家和社会的归属感。这种归属感和主人翁意识，成为工人阶级追求美好生活的重要动力。

　　在社会政治生活中，人民代表大会制度的建立，使得全国各族人民能够通过选举，选出代表自己利益的人进入各级政府，参与国家事务的决策和管理。这种政治制度的建立和发展，使得中国人民第一次在政治上实现了当家作主。通过选举，人民享有了平等的选举权和被选举权，真正参与到了国家和社会的治理过程中。这种政治上的平等，是社会主义制度下美好生活观的重要组成部分。

　　同时，中国共产党在这一时期积极推行少数民族区域自治政策，保障各民族的平等权利。通过建立自治区、自治州、自治县等形式，少数民族人民在政治、经济、文化等方面的权利得到了充分尊重和保障。少数民族区域自治的实施，不仅促进了民族团结和社会和谐，也增强了各民族人民对国家的认同感和归属感。这种多民族共同团结奋斗、共同繁荣发展的局面，是社会主义制度下美好生活观的具体体现。

　　在法治建设方面，国家逐步建立和完善了一系列法律法规，保障人民的基本权利和自由。《中华人民共和国婚姻法》的颁布，废除了旧社会男尊女卑、包办婚姻的传统习俗，提倡男女平等和婚姻自由。这一法律的实施，使得妇女的地位得到了极大提高，她们在家庭和社会中的权利得到了法律的保障。这种法律上的平等，是社会主义制度带给人民美好生活的重要体现，使得每个人都能够在法律的保护下追求自己的幸福生活。

　　在教育和文化领域，国家通过推行普及教育和文化普及运动，提高人民的文化素质，增强人民参与社会主义建设的能力。新中国成立后，党和政府大力发展教育事业，建立了从小学到高等教育的完整教育体系，使得更多的人民子弟有机会接受教育，改变自身的命运。扫盲运动的开展，使得大量文盲得以识字，文化水平的提高，不仅改变了他们的个人生活，也使得他们能够更好地参与社会生产和管理，为社会主义建设贡献力量。这种教育和文化上的平等，是人民追求美好生活的重要条件之一。

这一时期的美好生活观还体现在对社会阶级差异的消除上。通过社会主义改造，国家消除了封建地主阶级、资产阶级对劳动人民的压迫和剥削，实现了社会阶级结构的根本性变革。广大农民和工人群众成为国家的主人，拥有了参与管理国家事务的权利和地位，社会的公平和正义得到了切实保障。这种社会阶级差异的消除，使得全体人民在追求美好生活的道路上站在了同一起跑线上，人人都有机会通过努力实现自身的发展和幸福。

通过社会主义制度的确立，中国共产党不仅为人民创造了追求美好生活的制度基础，还通过一系列政策和措施，确保社会的公平正义和人民的政治经济权利得以实现。这一时期的美好生活观，强调的是每一个劳动者的政治平等、经济独立和社会地位的提高，是物质生活和精神生活共同发展的追求。社会主义制度的确立，为中国人民摆脱旧社会的压迫和剥削，追求更加美好和幸福的生活，提供了坚实的保障。

二、工业化与农业集体化：实现生产力发展和生活改善

在新中国成立后的社会主义建设时期，中国共产党把工业化作为国家发展的重要战略目标，推动中国由农业国向工业国的转变，实现生产力的迅速提升，为人民的美好生活创造了物质基础。1953 年开始实施的第一个五年计划，通过重点发展重工业，建立了现代工业体系的雏形。在这一过程中，许多大型工矿企业相继建成，为国家的经济发展和人民的生活改善做出了重要贡献。

通过工业化的推进，国家不断增强综合实力，为人民生活质量的提升提供了更多可能性。工业化过程中建立的交通、能源、通信等基础设施，逐步改善了人们的生活环境，增强了人们对美好生活的信心。同时，工人阶级的劳动地位也得到了显著提高，他们成为国家的主人，享受到了更多的社会福利和劳动保障。

在农业方面，中国共产党通过农业合作化运动，推动农民走集体化道路，

成立初级农业生产合作社和高级农业生产合作社。农业集体化的推进，使得农村生产力得以提高，农业机械化水平逐步提升，农民的劳动条件得到了改善。虽然在这一过程中出现了一些挫折，但总体上，集体化为农民生活的改善奠定了基础，使农民能够享受到集体经济带来的福利和社会保障。

这一时期的美好生活观，体现在通过工业化和农业集体化的推进，实现生产力的发展和人民生活水平的提高。工业化的发展使得城市居民的生活条件逐步改善，农村的集体化也使得农民摆脱了旧有的生产方式，逐步向现代化农业迈进。通过生产关系的变革，农民和工人的社会地位得到了提高，物质生活逐步改善，为实现社会主义的共同富裕奠定了基础。

三、社会福利的建立与人民生活的改善

新中国成立后，中国共产党非常重视社会福利的建设，努力为人民提供基本的生活保障和福利服务。国家通过建立劳动保险制度、社会救济制度和合作医疗制度，为人民的生活提供了重要保障。这一时期的美好生活观，体现为通过社会福利制度的建立，改善人民生活条件，提高人民生活的安全感和幸福感。

在城市，党和政府通过建立劳动保险制度，为工人提供了包括工伤、疾病和退休在内的基本保障，确保工人能够在遇到困难时得到必要的救助。此外，政府还推行了住房分配制度，通过国有企业和单位提供的福利房，改善了城市居民的居住条件。政府还在城市中建立了公共食堂，提供廉价的食品服务，帮助低收入群体解决生活中的实际困难。

在农村，党通过建立合作医疗制度，解决了农民的基本医疗问题。合作医疗是由村集体组织，农民自愿参加，费用由集体和个人共同承担的一种医疗保障形式。这种制度极大地减轻了农民的医疗负担，使广大农村人口能够获得基本的医疗服务。此外，国家还通过社会救济制度，对农村中的孤寡老人、残疾人等弱势群体提供经济援助，确保他们的基本生活得到保障。

教育事业也是社会福利的重要组成部分。新中国成立后，党和政府大力发展教育事业，普及基础教育，提高人民的文化水平。通过建立各类学校和扫盲班，广大农民和工人子弟得以接受教育，文化素质得到显著提高。教育的发展，不仅改善了人民的生活质量，也为社会主义建设提供了大量人才。

除了医疗、教育等方面的福利建设，政府还大力推动公共卫生和环境改

善,以提高人民的生活质量。在这一时期,政府在城市和农村广泛开展公共卫生运动,推广爱国卫生运动,改善卫生环境,控制传染病的传播。通过组织群众打扫环境、消灭四害(老鼠、苍蝇、蚊子、蟑螂),使人民的居住环境得到显著改善,疾病的发病率逐步降低,人民的健康水平得到提高。这些公共卫生措施不仅直接改善了人民的生活环境,也增强了人们的卫生意识,推动了社会整体生活水平的提高。

在住房方面,政府在城市中推行福利分房政策,通过单位分配住房,解决了广大职工的住房问题。国家投资建设了大量的住房,供工人和机关干部使用,尤其是在工业城市和新兴的经济中心,职工宿舍、居民小区相继建成。这种福利性的住房分配,使得城市居民的居住条件大为改善,解决了许多家庭的住房困难,也增强了人们对社会主义制度的认同感和归属感。

与此同时,农村地区的社会福利也得到了显著改善。农村公共基础设施建设也逐步推进,如修建水利工程、改良道路、建设学校和诊所等,使得农村的生产和生活条件有所改善。特别是在大规模水利工程的建设过程中,农民在政府的组织下,通过集体的力量兴修水利,不仅提高了农业生产能力,还改善了生活用水条件,增加了农田灌溉面积,为农业增产和农民增收提供了保障。

国家还通过社会救济制度,对孤寡老人、残疾人、烈士家属等特殊群体给予照顾,建立了"五保户"制度(保吃、保穿、保住、保医、保葬),确保这些弱势群体的基本生活不受影响。这种社会救济和保障制度,体现了社会主义制度下对每一个公民生活质量的关怀,保障了社会的基本公平,使得每一个人都能分享社会主义建设的成果,享有基本的生活权利。

在劳动保险和工人福利方面,国家制定了劳动保护法规,建立了劳动保险制度,为工人因工受伤、疾病以及退休后的生活提供保障。这些制度的建立,使得工人们在面对工作中的风险时,能够获得一定的经济补偿和生活保障,减少了他们的后顾之忧,激发了工人们为社会主义建设努力工作的热情。此外,国家还通过工会组织,为工人提供多种形式的福利,包括组织文化娱乐活动、提供生活补助、建立疗养院等,进一步改善了工人们的生活质量。

这一时期,国家的社会福利政策还特别关注妇女和儿童的生活保障。通过制定相关政策,国家鼓励妇女参加社会劳动,同时在工作和生活中给予妇女特殊的照顾,如产假制度、哺乳时间等,使得妇女能够在家庭和工作之间找到平衡。此外,国家在儿童保育方面也采取了多种措施,如兴办托儿所、幼儿园,保障儿童的健康成长。这些措施，不仅使得妇女能够更好地融入社会生活，也使得儿童在成长过程中能够获得更好的照顾和教育，促进了家庭的和谐与幸福。

通过社会福利制度的建立和不断完善，国家不仅保障了人民的基本生活需要，也逐步提高了人民的生活质量。这一时期的美好生活观，强调的是对人民物质生活和精神生活的双重保障。通过社会福利制度的建设，国家为人民提供了生活的安全感和幸福感，确保每一个人都能在社会主义制度下享有体面的生活。这种社会福利的普及和提升，是社会主义美好生活观的重要体现，也是党和国家对人民福祉的深切关怀和具体实践。

四、社会主义精神文明建设：塑造美好生活的精神追求

新中国成立后，中国共产党非常重视精神文明建设，强调通过社会主义思想教育，提高人民的思想觉悟和道德水平，塑造美好生活的精神追求。社会主义精神文明建设，是这一时期美好生活观的重要内容，体现了党对人民精神生活的关注和对社会风尚的引导。

在这一时期，党通过各种形式的思想政治教育，广泛宣传社会主义核心价值观，倡导集体主义、爱国主义和社会主义道德风尚。通过群众性的政治学习和思想教育活动，如"抗美援朝"运动、"学雷锋"运动等，共产党努力培养人民的爱国精神和集体主义精神，增强了全国人民的凝聚力和向心力。这些活动不仅鼓舞了人们的士气，也使得社会主义精神在社会中深入人心，成为激励人们追求美好生活的强大动力。

社会主义精神文明建设还包括对社会风气的积极引导。在这一时期，国家通过宣传和教育，引导人们树立艰苦奋斗、勤俭节约的优良作风，抵制旧社会的不良习俗和腐朽思想。通过组织生产竞赛和评选劳动模范等活动，政府大力倡导"劳动光荣""集体荣誉"等观念，使得人们在劳动和集体生活中体验到成就感和幸福感。这种精神层面的追求，使得社会主义社会中的"美好生活"不仅仅是物质上的富足，更是精神上的满足和内心的充实。

文艺工作也是精神文明建设的重要组成部分。在社会主义建设初期，党提出了"为人民服务，为社会主义服务"的文艺方针，要求广大文艺工作者深入工农兵，创作出反映人民生活和斗争的优秀作品。通过电影、戏剧、文学等形式，中国共产党引导人民追求积极向上的精神生活，激励人民为建设社会主义新中

国而奋斗。文艺作品不仅丰富了人民的文化生活，也在潜移默化中提高了人民的思想觉悟。例如，《白毛女》《红灯记》等文艺作品在社会上产生了广泛影响，歌颂了劳动人民的顽强斗争和集体精神，激发了人民对社会主义事业的热情。

此外，中国共产党还通过加强社区文化建设，推动群众性文化活动的开展，丰富了人们的精神生活。在城市和农村，文化馆、俱乐部、图书馆等文化设施相继建立，群众文化活动如秧歌、歌咏比赛、文艺演出等蓬勃开展，极大地增强了人民的文化参与感和生活的幸福感。这些活动不仅活跃了群众的文化生活，还促进了社会的团结和谐，增强了人民对社会主义建设的信心。

在这一时期，党和政府还大力倡导科学精神和社会主义道德观，推动全民的思想解放和社会进步。在科教文卫等领域，国家通过各类宣传活动普及科学知识，提倡尊重劳动、尊重科学的社会风尚，使得科学精神在社会中逐渐扎根。同时，政府积极推动移风易俗，破除封建迷信，倡导文明婚丧嫁娶等新风尚，推动社会风气的改善。通过这些努力，社会主义精神文明的观念逐渐深入人心，人民的思想觉悟和精神面貌也发生了深刻变化。

这一时期，党还高度重视道德教育，倡导全社会建立良好的道德规范，推动形成"助人为乐""无私奉献"等高尚道德风尚。通过"学雷锋"活动，雷锋精神成为广大人民学习的榜样，助人为乐、无私奉献的理念在社会中广泛传播，成为社会主义精神文明的重要组成部分。雷锋精神的广泛弘扬，不仅塑造了一代代人的道德观念，也成为社会主义时期美好生活精神追求的重要体现。

社会主义精神文明建设还体现在对家庭美德和邻里关系的引导上。党和政府倡导和睦家庭、邻里互助，强调家庭在社会主义社会中的重要作用。家庭不仅是生产和生活的基本单位，也是社会主义道德和精神文明建设的重要阵地。通过宣传孝敬老人、爱护子女、夫妻互爱、邻里和睦等家庭美德，政府积极推动家庭和社会关系的和谐，增强了人民的幸福感和归属感。

学校教育在社会主义精神文明建设中也发挥了重要作用。国家通过在学校教育中融入思想政治教育，培养学生的社会主义理想和道德品质。在各级学校，德育课成为重要的教育内容，通过课堂教学和课外活动，培养学生热爱祖国、热爱人民的情感，增强他们对社会主义事业的责任感和使命感。这些教育内容使得学生在成长过程中逐步形成正确的价值观和道德观，为社会主义事业培养了大批合格的接班人。

这一时期，精神文明建设还体现在体育运动的普及和发展上。国家大力倡导"发展体育运动，增强人民体质"的号召，通过组织群众性体育活动和竞赛，推动全民健身运动的发展。通过全民性的体育锻炼和运动会，人民的体质得到了增强，体育精神也在社会中得到广泛弘扬。这种健康的生活方式和积极向上的体育精神，成为社会主义美好生活的重要组成部分。

"城市生活的发展，工业的高涨，文化的普及，这一切也引起闭塞的群众对美好生活的向往。"①社会主义精神文明建设强调物质文明和精神文明的同步发展，使得"美好生活"的内涵更加丰富和全面。这一时期，物质生活的改善为精神追求提供了物质基础，而精神文明建设又进一步提升了人民的生活质量，使得社会主义社会中的美好生活不仅体现在生活条件的改善上，更体现在思想觉悟、道德修养和社会风尚的提升上。通过精神文明建设，人民逐步形成了积极向上、团结友爱、无私奉献的精神面貌，这不仅有助于提高人民的幸福感和生活满意度，也为社会主义建设提供了强大的精神动力。

五、社会主义制度的巩固与人民生活的不断提高

新中国成立到改革开放时期的美好生活观，得益于社会主义制度的不断巩固和国家经济实力的稳步提升。在这一时期，党通过不断调整经济政策，着力解决各种问题，逐步提高了人民的生活水平。

1950年代后期到1960年代初，由于"大跃进"运动和人民公社化运动的失误，国家经济一度遭遇困难，人民的生活水平也受到影响。但中国共产党很快总结经验教训，调整经济政策，提出"调整、巩固、充实、提高"的方针，逐步恢复国民经济。通过这些努力，国家经济逐步好转，人民的生活水平也随之逐渐恢复和提高。

1970年代，随着国家工业化水平的提高和农业生产的恢复，人民的物质生活条件进一步改善。农村地区的合作医疗制度和集体经济的不断发展，使得农民的生活逐步走向稳定和富裕。城市中的国有企业通过改革，增加了职工的收入，提高了他们的生活质量。同时，国家还加大了基础设施建设力度，改善了城乡的公共服务设施和生活环境。

这一时期的美好生活观，反映了中国共产党在社会主义建设中的实践探索和对人民福祉的关注。通过不断的政策调整和体制创新，逐步提高了人民的生

---

① 列宁全集(第4卷)[M].北京：人民出版社，2013.

活水平,增强了人民群众对社会主义事业的信心。通过巩固社会主义制度,党为人民追求美好生活提供了长久的保障。

新中国成立到改革开放时期的美好生活观,是中国共产党在建立社会主义制度、推动经济社会发展和加强精神文明建设的过程中逐步形成的。这一时期,党通过确立社会主义制度,消除了旧社会的不平等现象,为人民追求美好生活奠定了制度保障。通过工业化和农业集体化,推动生产力的发展和人民生活条件的改善;通过建立社会福利制度,保障了人民的基本生活需求。通过加强社会主义精神文明建设,塑造了人民积极向上的精神风貌;通过巩固社会主义制度和不断提高经济实力,逐步提升了人民的生活质量。这一时期的美好生活观,体现了党对全体人民福祉的全面关怀,强调物质生活与精神生活的共同发展,是社会主义建设时期中国特色社会主义美好生活的重要体现。

第三节　改革开放至党的十八大召开之前的美好生活观

改革开放至党的十八大召开之前(1978—2012 年),是中国现代化进程中极为重要的时期,也是人民生活水平和质量发生巨大变化的时期。在这一阶段,中国共产党带领全国人民,进行了经济体制改革和社会体制改革,推动了经济的腾飞与社会的现代化转型,为实现美好生活奠定了坚实的物质基础和社会保障体系。本节将从经济改革与美好生活的追求、社会保障体系的完善、人民精神追求的丰富以及城乡生活的巨大变化等方面,系统论述这一时期美好生活观的主要内容。

一、经济改革与美好生活的追求

改革开放是这一时期最显著的特征。1978 年,党的十一届三中全会做出了把工作重心转移到经济建设上来、实行改革开放的历史性决策,从此拉开了中国经济体制改革的序幕。这一改革的核心是从计划经济向市场经济转型,解放和发展生产力,满足人民对美好生活的需求。

经济改革首先从农村开始,通过推行家庭联产承包责任制,将土地的使用权承包给农民,极大地调动了农民的生产积极性,提高了农业生产力,使农村经济得到了快速发展。农民收入的提高,使他们的生活条件得到了显著改善,许多家庭实现了温饱，甚至走向了富裕。经济改革让农民第一次有了追求美好生活的主动权，他们通过勤劳致富，不断改善生活条件，为子女接受更好的教育创造了条件。

在城市，经济改革同样带来了巨大的变化。1980年代，国家开始实行国有企业改革，鼓励发展个体经济和民营经济，这为社会提供了大量的就业机会，增加了居民的收入水平。在改革中，城市居民的工作和生活方式逐渐多样化，人们的消费水平显著提高，商品的种类和供应不断丰富。电视、冰箱、洗衣机等耐用消费品逐渐进入普通家庭，极大地改善了人民的生活质量。进入1990年代以后，随着市场经济体制的逐步完善，城市居民的收入不断增加，住房条件和交通条件也得到了显著改善。

住房商品化改革是城市生活改善的一个重要方面。在过去，城市住房主要由单位分配，住房短缺严重。随着改革的推进，国家逐步建立了商品房市场，鼓励个人购房，使得越来越多的家庭能够通过购买商品房改善居住条件。新建的住宅小区环境优美，设施齐全，城市居民的居住质量得到了大幅度提升。这一系列变化不仅使得人们的生活更加舒适，也使得他们对未来充满了信心和希望。

经济改革还带来了区域经济的快速发展，尤其是沿海地区率先开放，设立经济特区，吸引外资，推动了区域经济的繁荣。深圳、珠海、厦门等经济特区成为改革开放的先锋，通过优惠政策和外资引入，这些地区的经济迅速腾飞，成为全国经济发展的"窗口"和"试验田"。广东、福建、上海等地的发展，带动了全国人民生活水平的普遍提高。这些地区的发展经验逐步推广至全国，带动了整体经济的跃升和生活水平的提高。

随着经济的快速增长，旅游、娱乐、餐饮等服务业迅速兴起，成为人们生活中不可或缺的一部分。越来越多的城市居民和农村居民能够利用闲暇时间外出旅游，体验不同地区的风土人情，拓宽了视野，丰富了精神生活。旅游业的兴起，不仅提高了人们的生活质量，也促进了各地经济的发展和文化的交流。

消费结构的变化是这一时期美好生活观的重要体现之一。人们不再满足于基本的温饱需求，而是开始追求更高层次的生活品质。各种耐用消费品和新型服务不断涌现，居民的消费从生存型逐步向发展型、享受型转变。家电、家具、服饰等商品的丰富供给，满足了人民日益增长的物质文化需求。同时，私人汽车的普及也开始出现在一些富裕的城市家庭中，交通工具的改善极大地方便了人们的出行，使得生活方式更加灵活多样。

这一时期，城市和乡村居民的生活方式也发生了显著变化。越来越多的家庭购买了电视机、电冰箱、洗衣机等家电，提升了日常生活的便利性。城市居民开始习惯外出购物、参加休闲娱乐活动，乡村居民则利用农业生产的收入进行房屋改造和生活质量的提升。特别是旅游业的兴起，使得越来越多的家庭开始外出旅游，欣赏祖国的大好河山，这些变化大大丰富了人民的生活内容和幸福感。

与此同时，经济增长还使得人民的文化生活更加丰富多彩。随着电视、广播的普及，人们可以通过各种途径获取信息，了解国内外的动态。文化产品的多样化，满足了人民日益增长的精神文化需求。旅游、娱乐、餐饮等服务业的兴起，也为人民的生活增加了更多的选择和幸福感。人们不仅追求物质生活的富足，还开始关注生活的质量和多样性。文化、娱乐、休闲活动逐渐成为人民日常生活的一部分，体现了改革开放给人民生活带来的深刻变化和影响。

此外，社会观念也发生了深刻的变革。人们在思想上更加开放，追求个性解放和自由发展的观念逐渐深入人心。经济体制的改革不仅解放了生产力，也解放了人民的思想，使得个人价值的实现成为可能。人们不再仅仅依赖于国家和集体的安排，还通过自己的努力创造美好生活。这种思想上的变化，成为推动社会不断进步的重要动力。

改革开放带来的经济繁荣和社会变革，使得这一时期的美好生活观具有了全新的内涵。它不仅体现在物质生活的富足和便利上，更体现在人民思想观念的变化和精神追求的提升上。通过经济体制的改革，中国人民实现了从贫困走向富裕的历史性跨越，生活质量大幅提升，社会面貌焕然一新。这一时期的美好生活观，是物质与精神、个体与社会共同进步的体现，展现了中国共产党领导全国人民创造幸福生活的不懈努力和辉煌成就。

二、社会保障体系的完善与人民生活的安全感

随着经济的发展，国家更加注重社会保障体系的建设，以确保全体人民在改革进程中共享发展成果。这一时期，社会保障体系逐步建立并不断完善，从而保障了人民的基本生活，增强了社会的稳定性和人民的安全感。

在医疗保障方面，1980年代起，国家开始建立农村合作医疗制度和城市职工基本医疗保险制度，以解决人民的基本医疗需求。1990年代，农村的"新型

合作医疗"制度和城市的"城镇居民医疗保险"制度逐步推行,确保城乡居民都能享受到基本的医疗服务。随着这些制度的建立,人民的健康保障水平逐渐提高,医疗负担逐渐减轻,病有所医的目标逐步实现。

2003 年,国家启动了新型农村合作医疗制度,进一步扩大了农村居民的医疗保障覆盖面,并在 2011 年实现了基本医疗保障制度的全覆盖。这些措施极大地提高了人民的健康水平,使得人民能够更加安心地面对生活中的疾病风险,病有所医的目标逐步得以实现。同时,政府不断加大对医疗基础设施的投入,提升医院和诊所的服务质量,增加医疗资源的供给,缩小城乡医疗条件之间的差距,确保城乡居民能够平等地享有基本医疗服务。

养老保障制度也在这一时期逐步确立。城市中,国家建立了职工基本养老保险制度,保障职工在退休后的基本生活需求。农村地区则推行了新型农村养老保险,并逐步覆盖到广大农民群众。2009 年,国家开始实施新型农村社会养老保险试点,并在 2012 年基本实现了全国覆盖。这一制度的建立,使得广大农村居民在老年时也能享有经济来源,生活得到了有效保障。随着城乡养老保险体系的不断融合,人民在养老方面的顾虑逐渐减少,生活的幸福感和安全感不断增强。

住房制度的改革同样是这一时期的亮点。1990 年代以前,城市住房主要由国家和企事业单位统一分配,住房短缺严重,居民居住条件普遍较差。1998年,国家开始推行住房商品化改革,建立了以市场供给为主、政府保障为辅的住房制度。住房制度改革之后,商品房逐渐成为城市居民改善住房条件的主要途径,越来越多的家庭通过购买商品房,实现了"居者有其屋"的愿望,居住环境和条件显著改善。

随着住房商品化改革的推进,国家还推出了一系列优惠政策,例如购房贷款和税收减免措施,帮助更多的中低收入家庭实现购房梦想。各地政府也逐步加强对保障性住房的建设和管理,确保低收入群体能够享受到基本的住房保障。通过经济适用房和廉租房的政策,政府为那些无法承担商品房价格的家庭提供了基本的居住保障,进一步改善了人民的生活条件。这些政策的实施,使得住房问题不再是城市居民生活中的一大难题,居民的居住质量得到了显著提高,社会的稳定性和和谐程度也得到了增强。

社会保障体系的逐步完善,使得全体人民的生活质量得到了切实提升,特别是弱势群体的生活状况有了显著改善。国家通过实施最低生活保障制度,为贫困人口提供生活救助，确保他们的基本生活得到保障。最低生活保障制度的建立，标志着社会保障体系覆盖面的进一步扩大，使得经济发展成果更加公平地惠及每一个人。此外，政府还通过实施社会救济、残疾人保障等多种形式的社会福利措施，关注特殊群体的生活需求，确保他们能够共享改革发展的成果。

社会保障体系的不断完善，不仅在物质上保障了人民的生活质量，也在精神上提升了人民的安全感和幸福感。人们在面对生活中的各种挑战时，能够更加从容和自信。国家对弱势群体的关怀和对基本生活的保障，增强了社会的凝聚力，使得全社会在改革开放的进程中更加团结和稳定。社会保障的逐步完善，是党和政府对人民福祉的深切关注的体现，也为实现共同富裕奠定了重要基础。

通过这些社会保障体系的建立和不断完善，国家逐步实现了从"保生存"到"保发展"的转变，人民的生活质量和幸福感显著提高。人民不仅在物质生活上得到了充分的保障，也在精神生活上得到了更多的关怀。随着社会保障体系的进一步健全，改革开放的成果真正惠及了全体人民，使得人人都有机会过上更加幸福、美好的生活。这一时期的美好生活观，充分体现了社会主义制度下社会公平正义和共同富裕的追求，是国家经济发展和社会进步的重要标志。

三、精神生活的丰富与思想的解放

随着物质生活的改善，人民对精神生活的追求也在不断丰富。改革开放使得思想文化领域逐步走向开放，人民的思想观念发生了深刻变化，精神文明建设成为实现美好生活的重要组成部分。

1980年代，被称为"思想解放"的时期。人们开始冲破思想的禁锢，追求个性解放和多样化的生活方式。文化艺术领域也呈现出前所未有的活跃局面，电影、音乐、文学等形式的艺术创作蓬勃发展，涌现出一批反映时代变革和人民生活的优秀作品，如张艺谋、陈凯歌等导演的电影，以朴实的镜头语言表达了人民对自由和美好生活的向往。这些文化作品，不仅丰富了人民的精神生活，也推动了社会观念的进步和思想的解放。

这一时期，文学创作也迎来了空前的繁荣。作家们通过小说、散文等形式，反映社会现实，探讨人生意义，表达对个性解放和自由生活的追求。莫言、王朔、余华等作家涌现，他们的作品充满了对社会变革的深刻思考和对人性的关注，成为这一时期文学繁荣的重要代表。这些作品引起了广泛的社会共鸣，成为推动思想解放和社会进步的重要力量。

与此同时，音乐和戏剧也逐渐走向多样化和现代化。摇滚音乐在 1980 年代末期迅速崛起，以崔健为代表的摇滚歌手用激昂的音乐和大胆的歌词，表达了对自由、平等和社会公正的追求。摇滚乐在青年人中产生了广泛的影响，成为表达个性和追求独立精神的重要途径。戏剧创作方面，各类反映社会现实的作品层出不穷，话剧、歌剧等形式多样的表演艺术不断创新，为人民的精神生活带来了丰富的文化享受。

1990 年代以后，随着电视的普及和互联网的兴起，人民的文化生活更加丰富多彩。电视节目、广播、报纸杂志等传统媒体，以及日益兴起的互联网平台，为人们提供了更加多样化的信息和娱乐选择。人们通过电视观看国内外新闻，了解世界，拓宽视野；通过互联网获取知识，结交朋友，极大地丰富了人们的精神生活和社交活动。网络文学也开始兴起，一批网络作家通过互联网发表作品，吸引了大量读者，成为文化生活的重要组成部分。

互联网的兴起不仅改变了人们获取信息的方式，也为文化创作提供了新的空间和途径。通过博客、论坛、社交媒体等平台，普通民众也能表达自己的思想，参与公共讨论。这种文化上的开放和参与，使得人们的精神生活更加自主和丰富。互联网成为人们追求知识、表达情感、展示才华的重要渠道，极大地促进了思想的多样化和社会的开放性。

与此同时，国家还大力推进社会主义精神文明建设，提倡社会公德、职业道德和家庭美德的教育，培养人民的社会责任感和奉献精神。"学雷锋""讲文明树新风"等活动在社会上广泛开展，弘扬了社会主义核心价值观，倡导互助友爱、勤俭节约的良好风尚，推动了社会的和谐和文明进步。

在教育领域，国家加强了思想政治教育，通过学校教育培养学生的爱国主义精神和社会责任感。中小学课程中增设了道德与法治课，大学也开设了思想政治理论课，引导青年一代树立正确的世界观、人生观和价值观。通过教育的引导，社会主义核心价值观逐渐深入人心，人民的思想道德素质得到了显著提升。

社区文化活动的开展也成为精神文明建设的重要内容。各地政府和社区组织通过举办文艺演出、文化讲座、体育比赛等多种形式的活动，丰富了社区居民的文化生活，增强了社区的凝聚力和居民的归属感。这些活动不仅为居民提供了娱乐和交流的平台，也促进了邻里和谐，推动了社会主义精神文明的建设。

此外，随着人民生活水平的提高，旅游成为丰富精神生活的重要方式。国家通过大力发展旅游业，推动各地的自然景观和历史文化资源向公众开放。越来越多的家庭选择利用节假日外出旅游，体验不同地区的风土人情和文化底蕴。旅游业的发展，不仅促进了各地经济的繁荣，也为人们提供了精神放松和文化熏陶的机会，提升了人民的生活品质。

随着文化市场的逐步开放和文化产品的多样化，人民的精神生活内容更加丰富。电影、电视剧、音乐会、艺术展览等各类文化活动层出不穷，满足了不同群体的文化需求。文化创意产业的兴起，使得人们在娱乐休闲的同时，也能感受到文化的魅力和创造的乐趣。各类文化节、艺术节的举办，吸引了大量群众参与，成为展示文化成果和推动精神文明建设的重要平台。

通过思想解放和精神文明建设，人民的精神面貌焕然一新。改革开放带来的不仅是物质生活的富足，更是精神世界的丰富和思想观念的进步。人们在追求个人幸福的同时，也更加关注社会的和谐与进步，社会公德、职业道德和家庭美德逐渐成为人们日常生活中的行为准则。社会主义精神文明建设，使得社会更加团结、进步，人民的幸福感和获得感显著提升。

这一时期的美好生活观，既体现在物质生活的改善上，也体现在精神生活的丰富和思想的进步上。通过思想解放和文化繁荣，人民获得了更加多样化的生活体验和更高层次的精神追求，社会主义精神文明建设为实现共同富裕和社会和谐奠定了坚实的基础。

四、城乡生活的巨大变化

改革开放时期，中国城乡居民的生活发生了巨大的变化，城乡差距逐步缩小，农村和城市的面貌都焕然一新。

在农村，家庭联产承包责任制的推行，使得农民的生产积极性得以激发，农业生产得到显著发展，粮食产量连年增长，农村经济逐步走向富裕。随着经济的发展，农民的收入不断增加，生活条件明显改善。农民不仅有了更多的粮食和副食品，也有了经济能力购置家用电器和改善住房条件。农村中的土坯房逐渐被砖瓦房取代，电力、通信、道路等基础设施逐步完善，农民的生活质量得到了极大的提升。

进入新世纪后，国家实施了一系列支农惠农政策，如取消农业税、实行粮食补贴、推广新型农村合作医疗等，进一步提高了农民的生活水平。特别是"新农村建设"政策的实施，加快了农村的现代化进程，农村的公共服务设施逐渐完善，农民的生产生活条件得到极大改善。新农村建设不仅改善了农村的基础设施，还加强了对农村文化、教育和卫生事业的投入，使得农村居民的生活质量全方位得到提高。文化站、村民活动中心等文化设施的建设，使得农民的精神文化生活也更加丰富，农民的幸福感显著提升。

随着支农政策的不断落实，农村的教育和医疗条件也得到了明显改善。农村学校的基础设施逐步升级，教学质量逐渐提升，越来越多的农村孩子能够接受良好的教育，这为农村家庭摆脱贫困、实现美好生活提供了新的希望。新型农村合作医疗的推行，使得农民的基本医疗需求得到了保障，看病难、看病贵的问题得以缓解，农民在健康方面的安全感也得到了提升。

在城市，改革开放带来了经济的快速发展，城市基础设施建设日新月异，城市居民的生活水平显著提高。随着城市化进程的加快，城市人口不断增加，住宅小区、商业中心、交通网络逐渐完善，城市面貌焕然一新。城市居民的生活内容也更加丰富，购物中心、电影院、文化馆等场所为人们提供了多样的休闲和娱乐选择。城市公共交通系统的建设和完善，使得城市居民的出行更加方便快捷，地铁、公交等现代化交通工具的普及，极大地提升了城市居民的出行效率和生活便利性。

进入新世纪后，城市居民的生活水平进一步提高，汽车逐渐成为家庭的普通消费品，私家车的普及使得人们的生活半径扩大，旅游和休闲活动更加频繁。人们开始更多地关注生活的质量，追求更高的生活享受。城市中健身房、公园、文化中心等设施的不断建设，为居民提供了更多的健身、娱乐和社交的机会。随着生活水平的提高，城市居民的消费观念也逐渐发生变化，从注重物质消费转向更加注重健康和生活品质的提升。

城市的社会服务体系也在不断完善。医疗、教育、社会保障等公共服务的覆盖面不断扩大，居民享有的公共服务质量显著提升。各类社区服务中心的建立，使得居民在家门口就能享受到医疗保健、文化娱乐、法律咨询等多样化的服务。教育方面，优质教育资源的不断增加和均衡分布，使得更多的城市家庭子女能够享受到良好的教育，为他们的未来发展奠定了坚实基础。

城乡一体化的发展是这一时期美好生活观的重要体现。国家通过实施"西部大开发""中部崛起"等战略，推动区域协调发展，缩小城乡差距，促进共同富裕。国家加大对中西部地区的投入，改善这些地区的基础设施和公共服务，使得中西部地区的农村和城市居民的生活条件得到显著改善，区域发展更加均衡，城乡之间的差距逐渐缩小。

城乡基础设施的改善和公共服务的均等化，使得农村居民逐渐享受到与城市居民相似的生活条件。农村公路的建设和改造，使得交通更加便利，农产品能够更快地运往城市销售，增加了农民的收入。与此同时，城市的工业产品和文化服务也更容易进入农村，丰富了农民的物质和精神生活。城乡之间的物资和人员交流日益频繁，促进了城乡经济的互补和共同发展。

在城乡一体化的进程中，农村和城市居民的交流也更加密切，农村居民逐渐融入城市生活，而城市居民也更多地关注农村的发展和变化。通过各种文化活动和社会实践，城乡之间的差距不断缩小，社会的整体和谐度显著提升。农村青年通过外出务工、学习先进技术和管理经验，将新的观念和技能带回家乡，推动了农村的发展和进步。与此同时，城市中也兴起了"乡村旅游"的热潮，越来越多的城市居民选择到农村体验自然风光和田园生活，增进了城乡之间的了解和情感联系。

城乡居民的生活发生了翻天覆地的变化，这一时期的美好生活观既体现在物质生活的极大改善上，也体现在精神生活的不断丰富上。通过城乡一体化的推进，农村和城市的联系更加紧密，居民的生活质量普遍提高，城乡居民的幸福感和获得感显著提升。城乡之间的共同发展和繁荣，充分体现了国家对实现共同富裕的坚定追求，也展现了改革开放为人民生活带来的深刻变革和巨大成就。

从改革开放到党的十八大召开之前，中国的美好生活观经历了深刻的变化和发展。通过经济体制改革，国家解放和发展了生产力，为人民追求美好生活提供了物质基础；通过社会保障体系的逐步建立和完善，国家保障了全体人民在改革发展进程中共享经济成果，增强了社会的稳定和人民的安全感；通过文化思想的解放和精神文明建设，丰富了人民的精神生活，提高了社会的文明程度；通过城乡一体化的发展，缩小了城乡差距，提高了全国人民的生活水平。

这一时期的美好生活观，既体现在物质条件的改善上，也体现在精神追求的提升上，是经济发展、社会保障、思想文化和城乡建设协调推进的结果。人民的生活水平和幸福感显著提高，社会主义美好生活观在改革开放的实践中得到了充分体现和发展。通过不断推进经济社会各领域的改革，党和国家实现了让人民过上更好生活的庄严承诺，为中国特色社会主义事业奠定了坚实的基础。

第四节 党的十八大以来的美好生活观

党的十八大以来，中国进入了中国特色社会主义新时代。这一时期，国家的经济社会发展迈上了新台阶，人民的生活质量和幸福感显著提升，美好生活观也进入了新的发展阶段。通过全面深化改革、推进精准扶贫、实施乡村振兴战略、建设生态文明以及加强社会保障体系建设，党和国家不断满足人民对美好生活的向往，推动共同富裕目标的逐步实现。本章将从多个方面系统阐述党的十八大以来中国人民美好生活观的主要内容。

一、全面深化改革与经济高质量发展

党的十八大以来，国家致力于全面深化改革，推动经济高质量发展，为实现人民的美好生活奠定了坚实的物质基础。在经济领域，供给侧结构性改革成为重要的政策方向，通过优化供给结构，提高供给质量，满足人民日益增长的美好生活需要。新兴产业和高科技产业得到了国家的大力支持，互联网、人工智能、新能源等领域蓬勃发展，为人民的生活注入了科技创新的动力。

经济高质量发展带动了人民收入的持续增长，城镇居民和农村居民的收入水平逐年提高。与此同时，国家大力促进就业，通过鼓励创业、扶持中小企业、发展服务业等措施，为广大人民提供了更多的就业机会。随着经济的不断发展，人们的消费能力显著提升，消费结构逐步向品质消费、服务消费转变，旅游、教育、健康等领域的消费需求显著增加。

在城市建设方面，智慧城市、海绵城市等理念的引入，使得城市的生活更加智能化和宜居化。智慧交通系统的建设极大地缓解了交通拥堵问题，提高了居民的出行效率。高铁网络的不断扩展和普及，使得人们的出行更加便利，城市之间的联系更加紧密。智慧城市建设提升了公共服务的效率和质量，居民可以通过互联网平台便捷地办理各种政务，生活便利性大大提高。

与此同时，国家还在深化改革中注重优化营商环境，激发市场活力。通过

"放管服"改革,简化行政审批流程,减轻企业负担,促进民营企业和中小企业的蓬勃发展。企业的兴旺带动了就业的增加和经济的活跃,为人民创造了更多的就业岗位和收入来源。通过进一步开放市场,吸引外资进入,带来了先进的管理经验和技术,推动了经济的高质量发展。

在民生领域,国家通过税制改革,减轻了中低收入群体的负担,增加了居民的可支配收入。个人所得税的起征点上调以及专项附加扣除的实施,使得广大居民的税后收入显著增加。消费能力的提升不仅促进了经济增长,也使得人们有更多的资源投入到子女教育、医疗健康、休闲娱乐等方面,提高了生活质量。

二、精准扶贫与乡村振兴战略

党的十八大以来,脱贫攻坚战取得了全面胜利,历史性地解决了绝对贫困问题。通过精准扶贫、精准脱贫,国家帮助近一亿贫困人口摆脱了贫困,贫困地区的基础设施和公共服务水平得到了显著改善。通过因地制宜的发展模式,各地探索出了符合自身实际的脱贫路径,如产业扶贫、电商扶贫、生态扶贫等,有效提高了贫困地区的经济发展水平和人民的生活质量。

脱贫攻坚战的胜利,为实现全面建成小康社会奠定了基础,使得全体人民都能够共享发展成果。贫困地区的农民不再为基本的温饱问题发愁,越来越多的家庭过上了有房住、有工作、有保障的美好生活。国家通过建设道路、桥梁、水利等基础设施,改善了贫困地区的交通和生产条件,使得农村经济发展更加顺畅,农民的生活环境得到了极大提升。

在精准脱贫的过程中,国家通过实施教育扶贫、健康扶贫、危房改造等多种措施,确保贫困人口在教育、医疗、住房等方面得到全面保障。教育扶贫通过改善贫困地区的教育设施、增加师资力量和提供助学金等方式,使得贫困家庭的孩子能够接受良好的教育,从而阻断贫困的代际传递。健康扶贫的实施,使得贫困人口能够享受到基本的医疗保障,减少了因病致贫、因病返贫的现象。

在脱贫攻坚取得胜利后,国家全面实施乡村振兴战略,进一步推动农村经济社会发展,促进城乡融合。乡村振兴战略的实施,不仅注重农业生产的现代化和农村基础设施的改善,还强调农村文化的振兴和生态环境的保护。通过推动农业供给侧结构性改革,发展现代农业,提高农业的科技含量和附加值,农民的收入水平得到了进一步提高。

在农业现代化方面，国家通过推广先进的农业技术和设备，提高了农业生产的效率和质量。无人机、自动化机械、智能灌溉等现代农业技术的应用，使得农业生产逐渐摆脱了传统的粗放型模式，向着高效、绿色、可持续的方向发展。农产品的品质和附加值的提升，使得农民的经济收益显著增加，农村经济焕发出新的活力。

乡村振兴还注重推动农村的文化建设和精神文明建设。通过发展农村文化活动、培育乡村文化带头人，丰富了农民的精神文化生活，增强了农村社区的凝聚力。农村的文化礼堂、图书室等文化设施的建设，使得农民有了更多的文化活动场所，农民的精神生活更加丰富。国家还通过政策支持和资金投入，鼓励各地发展具有地方特色的文化产业，如民俗表演、手工艺品等，不仅保护了传统文化，也为农民提供了新的收入来源。

生态环境保护是乡村振兴战略中的重要内容之一。通过实施退耕还林、退牧还草、环境整治等措施，国家大力改善农村的生态环境，恢复自然生态系统的功能。农村的河流、湖泊得到了有效治理，环境质量显著提高。生态农业和绿色农业的推广，使得农业生产更加注重可持续发展，农民的环保意识显著增强。优美的农村环境不仅提高了农民的生活质量，也吸引了大量城市居民前往农村旅游和休闲。

乡村旅游的兴起，使得越来越多的城市居民前往农村体验自然风光和乡村生活，既促进了农村经济的发展，也促进了城乡之间的文化交流和融合。许多贫困村庄通过发展旅游业，逐渐走上了富裕之路，旅游业的发展不仅增加了村集体的收入，也为当地农民提供了更多的就业机会和创业平台。通过发展农家乐、民宿、特色农产品销售等形式，农民的收入渠道得到了多样化，生活水平不断提高。

乡村振兴战略还注重农村社会治理体系的完善。通过加强基层党组织建设，推动村民自治，提升农村治理水平，形成了共建共治共享的社会治理格局。乡村治理的现代化，使得农村社会更加和谐稳定，农民的安全感和幸福感显著增强。各地的乡贤文化也得到传承和发扬，乡村社会的向心力和凝聚力不断增强。

通过精准脱贫和乡村振兴战略的实施，农村的面貌发生了翻天覆地的变化，农民的生活质量显著提高，城乡差距逐步缩小。人民的美好生活观，不再只是满足于物质生活的富足，更加追求精神生活的丰富和社会环境的和谐。党的十八大以来，乡村振兴战略的实施，使得农村成为安居乐业的美好家园，广大农民的获得感、幸福感和安全感显著提升。

三、生态文明建设与美好生活

党的十八大以来，国家高度重视生态文明建设，将"绿水青山就是金山银山"的理念深入人心，努力建设人与自然和谐共生的美丽中国。生态文明建设成为实现美好生活的重要组成部分，通过一系列政策措施，国家推动了环境保护和资源节约的全面落实，人民的生活环境得到了显著改善。

在空气治理方面，国家通过"蓝天保卫战"等行动，大力控制工业排放、机动车尾气排放，逐步改善了城市空气质量。许多城市的空气质量显著提升，蓝天白云成为常态，人民的生活环境更加宜居。与此同时，各地政府还通过植树造林、绿化城市等措施，增加城市绿地面积，提高空气的净化能力，为居民提供了更加健康的生活环境。空气质量的改善不仅提高了居民的生活舒适度，也减少了呼吸系统疾病的发病率，增强了人民的健康水平。

在水资源保护方面，国家加大了对河流湖泊的治理力度，确保人民饮用水的安全和水环境的改善。各地开展的"清四乱"专项行动，使得河湖的生态环境逐步恢复，人民的生活质量得到显著提升。通过实施"河长制"，各级政府明确了责任，积极治理污染源，确保水体清洁。许多城市通过建设污水处理厂和雨污分流系统，进一步提升了水环境质量，使得居民的饮水更加安全，生态环境更加健康。

国家还大力推动海洋生态的保护，实施海洋生态修复工程，减少近海污染。通过对沿海地区的保护和治理，逐步恢复了海洋生态系统的健康，保护了渔业资源，为沿海居民提供了可持续发展的基础。国家对湿地的保护也得到了加强，通过建设湿地公园，保护鸟类栖息地，恢复自然环境的多样性，湿地资源的保护不仅提高了生物多样性，也为人民提供了亲近自然、享受生态之美的机会。

生态文明建设还注重发展绿色经济，通过支持新能源、新材料等绿色产业的发展，推动经济的可持续发展。国家大力推动可再生能源的利用，光伏发电、风力发电等清洁能源逐步普及，减少了对传统化石能源的依赖。许多家庭和企业开始安装太阳能板，利用清洁能源供电，降低了能源消耗和碳排放。绿色出行方式的推广，如共享单车、电动汽车等，不仅减少了对环境的污染，也为人们提供了更加便捷和环保的出行选择。

国家还注重生态保护和修复，通过退耕还林、退牧还草等政策，恢复自然生态系统的功能。许多山区和草原地区通过退耕还林，重新种植树木和草原植被，使得生态系统的稳定性和生物多样性得到了显著恢复。各地的生态保护区和森林公园的建设，使得人民可以更加亲近自然，享受生态环境带来的身心愉悦。通过开展全民义务植树活动，人民群众积极参与到生态环境的建设中，生态保护意识显著增强，形成了全社会共同保护环境的良好氛围。

在农村地区，生态环境的改善尤为显著。国家通过农村人居环境整治行动，大力推进农村垃圾和污水处理、厕所革命以及村容村貌整治等措施，使得农村环境焕然一新。许多村庄修建了垃圾处理设施和污水净化系统，村民的生活环境更加整洁宜居。厕所革命的推进，使得农户告别了传统的简易厕所，卫生条件显著提升，农村居民的生活质量和健康状况得到了大幅度改善。

绿色生活理念也逐渐深入人心。国家通过宣传教育，倡导节约资源、绿色消费、低碳生活。各地积极开展"光盘行动"，减少餐饮浪费，提倡使用环保购物袋，减少塑料制品的使用。在节能减排方面，许多城市实施了"绿色建筑"标准，新建住宅和公共建筑更加注重节能环保，为居民提供了更加健康的居住环境。学校、社区也积极开展环保知识宣传活动，增强了人们的环保意识，使得绿色生活成为人们的自觉追求。

通过生态文明建设，城乡居民的生活环境得到了显著改善，生活质量大幅提高。城市中，更多的绿色空间和公园为居民提供了休闲娱乐的场所，农村中，优美的田园风光和整洁的村庄为农民创造了宜居的生活环境。生态环境的改善不仅带来了物质生活的提高，也为人们带来了精神上的愉悦，使得人民的美好生活观更加全面和丰富。

四、社会保障体系的健全与人民生活的保障

党的十八大以来，社会保障体系不断健全，覆盖面不断扩大，为人民的美好生活提供了坚实的保障。国家通过加大对社会保障的投入，建立和完善了覆盖全民的社会保障体系，包括基本养老保险、基本医疗保险、失业保险、工伤保险和生育保险等，使得全体人民的基本生活有了可靠的保障。

在医疗保障方面，国家推行了城乡居民基本医疗保险制度和大病保险制

度，确保人民能够看得起病、看得好病。医疗服务的均等化逐步推进，优质医疗资源下沉到基层，使得偏远地区的居民也能享受到优质的医疗服务。通过医联体建设，基层医疗机构与大医院实现了资源共享，提升了基层医疗水平。家庭医生签约服务的推广，为居民提供了更加便捷的医疗服务，健康管理和疾病预防的水平不断提高。

在养老保障方面，养老保障制度也得到了进一步完善，国家通过建立城乡一体的基本养老保险制度，确保城乡居民在年老时都能享有基本的生活保障。长期护理保险试点的开展，为失能老年人提供了生活照护和基本护理服务，提高了老年群体的生活质量。随着老龄化社会的到来，国家更加注重养老服务体系的建设，社区养老、居家养老等多样化的养老模式逐步发展起来，满足了老年人多层次、多样化的养老需求。各地还建设了老年人活动中心和日间照料中心，为老年人提供社交、娱乐和健康管理服务，丰富了老年群体的晚年生活。

在教育方面，国家大力推进教育公平，不断缩小城乡、区域和群体之间的教育差距。通过加大对农村和贫困地区教育的投入，改善农村学校的办学条件，更多的农村孩子有机会接受良好的教育。九年义务教育全面普及，高中阶段教育毛入学率不断提高，高等教育进入普及化阶段，人民接受教育的机会大大增加，受教育水平显著提升。职业教育也得到了国家的重视，通过发展职业教育，提升劳动者的职业技能，帮助更多的人实现就业，提高生活水平。

同时，国家还推行了学前教育、特殊教育的普及，确保每个孩子都能接受公平的教育。国家通过实施营养改善计划，提高农村学生的营养水平，保障他们的健康成长。各级政府还通过"互联网+教育"的模式，将优质的教育资源输送到偏远地区，缩小了城乡教育资源的差距。教育公平的推进，使得每个孩子都有机会通过努力改变自己的命运，为实现美好生活奠定了基础。

社会救助体系也在不断完善。通过最低生活保障制度、特困人员供养制度、临时救助制度等，国家保障了困难群体的基本生活，确保在生活上遇到困难的人能够得到及时的帮助和支持。特别是在重大自然灾害或公共卫生事件中，国家及时提供救助和保障，确保受灾群众的基本生活需求得到满足。

通过社会保障体系的健全，人民在医疗、养老、教育等方面的基本需求得到了切实保障，生活的安全感和幸福感显著增强。社会保障体系的不断完善，不仅在物质上保障了人民的生活质量，也在精神上增强了人民的安全感和信心，使得每个人都能够享受到经济社会发展的成果。

通过生态文明建设和社会保障体系的健全，人民的美好生活观得到了全方位的体现。物质生活的不断改善与精神生活的日益丰富，使得全体人民对美好生活的追求变得更加全面和立体。新时代的中国，正在实现人与自然、人与社会的和谐共生，人民的获得感、幸福感和安全感不断提升，这正是党的十八大以来美好生活观的重要体现。

五、人民精神生活的丰富与文化自信的增强

党的十八大以来，国家高度重视人民精神生活的丰富和文化自信的增强，通过大力发展文化事业和文化产业，推动社会主义精神文明建设，满足人民多样化的精神文化需求。通过加强思想道德建设和弘扬中华优秀传统文化，国家努力提升人民的思想道德水平和文化素养，增强全社会的凝聚力和向心力。

公共文化服务体系的不断完善，使得人民群众能够更加便捷地享受到丰富的文化服务。各地的文化馆、图书馆、美术馆等公共文化设施免费向公众开放，丰富了人民的精神文化生活。广场舞、书法、绘画等群众性文化活动在城乡广泛开展，人民群众的文化获得感显著增强。

国家大力支持文艺创作，推动文学、电影、音乐、戏剧等各类艺术形式的繁荣发展，涌现出一大批反映时代精神和人民生活的优秀作品。主旋律电影、电视剧的创作，通过讲述中国故事，弘扬社会主义核心价值观，增强了人民的文化自信和民族自豪感。文化产业的快速发展，不仅满足了人民对文化消费的需求，也成为推动经济发展的重要动力。

同时，国家大力弘扬中华优秀传统文化，通过推动非物质文化遗产的保护与传承，使得传统文化在新时代焕发出新的生机。传统节日如春节、端午节、中秋节等得到了广泛的弘扬，人民在庆祝传统节日中增强了对中华文化的认同感和归属感。通过教育和宣传，社会主义核心价值观逐渐深入人心，成为全社会共同的价值追求。

六、共同富裕与社会公平

党的十八大以来，实现全体人民的共同富裕成为党和国家的重要目标之一。国家通过一系列政策措施，缩小收入差距，促进社会公平，不断提高人民的生活水平和幸福感。通过加大对中低收入群体的支持力度，逐步提高最低工资标准和居民收入水平，人民的收入差距逐步缩小，社会更加公平。

税收制度的改革也为实现共同富裕提供了有力支持。国家通过完善个人所得税制度，实行累进税率，合理调节高收入，减轻中低收入群体的税收负担。社会救助体系的健全，通过最低生活保障、临时救助等措施，保障了困难群众的基本生活，确保全体人民共享经济社会发展的成果。

住房保障方面，国家通过大力发展保障性住房建设，解决了中低收入群体的住房困难问题。公租房、廉租房等多种保障性住房形式，使得住房困难家庭的居住条件得到了显著改善。通过租购并举的住房制度，人民的住房需求得到了更好的满足，居住条件大大改善，居住幸福感显著提升。

党的十八大以来的美好生活观，体现了党和国家对全体人民生活质量的关注和提升。通过全面深化改革、精准脱贫、乡村振兴、生态文明建设、社会保障体系的健全、文化自信的增强，以及共同富裕的逐步实现，人民的物质生活和精神生活都得到了极大的改善和提升。中国人民的美好生活观，已从追求物质富裕，向着物质与精神的全面丰盈迈进，体现了中国特色社会主义的巨大优越性和党领导下中国社会发展的辉煌成就。

第四章

新时代大学生美好生活观培育面临的问题

第一节　网络自媒体的影响

一、网络自媒体的发展及其特征

在新时代背景下，伴随着互联网技术的快速推进，网络自媒体已经成为社会信息传播的重要渠道，对个体生活方式及价值观念产生了深刻影响。网络自媒体的特征主要包括传播速度快、信息内容丰富、参与门槛低以及去中心化等，这使得信息的传播和接收变得更加自由与便捷。然而，这一开放的环境也带来了诸多挑战，对大学生的生活观念产生了深远的影响。

大学生成长于信息化、数字化的时代，网络自媒体已经成为他们获取信息、表达意见、参与社会生活的重要工具。自媒体的高度便捷化，使得大学生能够在各种平台上分享和获取信息。无论是通过社交媒体、短视频平台，还是通过网络社区，大学生能够随时随地接收所关注的信息。然而，这种便利的传播方式也让信息的过滤与鉴别变得尤为困难，尤其是在海量信息的环境中，大学生对信息的选择和判断往往受到干扰。

自媒体内容的极度丰富和信息来源的去中心化特征，使得大学生在使用这些平台时面临着严峻的挑战。一方面，丰富的信息提供了广阔的学习和交流机会；另一方面，海量的信息也带来了噪声和信息污染的问题，甚至可能导致价值观的偏离。网络自媒体的传播机制和开放性，虽然使信息的获取变得无比便捷，但却削弱了信息的权威性和真实性，也使得不良信息在平台上迅速传播，对大学生群体的影响不可忽视。

网络自媒体的快速发展也催生了"网红"文化的兴起，这些所谓的网络红人通过展示奢华的生活方式、外表的光鲜亮丽和所谓的成功秘诀吸引了大量的关注和流量。在这种环境下，大学生很容易受到这些光鲜表象的影响，盲目追求"网红"生活方式，而忽视了生活中的其他重要价值。这种现象助长了社会中的浮躁风气，许多大学生开始以获取流量、赢得关注为生活目标，而不是注重自身的成长和内在素养的提升。

除此之外，网络自媒体的"去中心化"特点，使得信息发布和传播不再受到传统权威媒体的严格审核和把控，导致信息质量参差不齐。在一些自媒体平台上，信息传播的驱动力主要来自于追逐流量和商业利益，这使得许多自媒体内容片面追求博人眼球的效果，而忽略了内容的真实和客观性。这对于尚未完全建立起独立辨别能力的大学生来说，增加了他们获取真实有效信息的难度。面对纷繁复杂的自媒体信息，大学生很难保持清醒的判断，容易被各种情绪化、片面化的信息所裹挟，影响其对世界的客观认识。

网络自媒体的迅速发展还带来了信息获取的"碎片化"趋势。大学生在网络上浏览信息时，往往以短小的资讯为主，习惯于快速浏览和消化大量信息。然而，这种碎片化的信息传播模式影响了他们的深度思考能力，使他们难以从整体上系统化地理解事物。碎片化的信息环境导致大学生无法有效进行信息的整合和加工，思维深度受到限制，影响了他们对生活的深入理解和对美好生活的全面追求。

二、网络内容的多样性与复杂性对大学美好生活观培育的影响

网络自媒体内容的多样性和复杂性是影响大学生美好生活观的重要因素之一。自媒体平台上充斥着各种类型的信息，包括励志故事、学术知识普及、社会热点评论等正面内容，也包括夸张、虚假甚至负面的信息。对于价值观尚未完全成熟、辨别能力相对有限的大学生而言，在面对大量信息时，往往难以分辨其真伪与优劣，容易受到负面信息的影响，进而影响其对美好生活的理解和追求。

自媒体内容的复杂性还体现在其价值导向的多元性。一些自媒体内容过度

强调物质享受和个人主义，宣传奢侈消费、拜金主义等不健康的生活方式，削弱了对精神追求和社会责任的关注。这种片面的价值导向很容易影响大学生对美好生活的定义，使他们将追求高消费、奢侈生活视为美好生活的目标，而忽视了精神满足、人格完善与社会进步的重要性。这种价值观的偏差使得大学生在面临挫折时更容易产生焦虑、不安等消极情绪，无法正确面对生活中的挑战。

此外，内容的复杂性也加大了信息筛选的难度，使大学生更容易陷入所谓的"信息噪声"之中。一些自媒体平台通过标题党、情感煽动、夸大事实等方式吸引眼球，而这些噱头化的内容会严重干扰大学生对真实世界的理性认知。例如，社交媒体上流行的"短平快"内容，为了迅速抓住受众眼球，常常只注重故事的戏剧化效果，忽略事件的客观性和真实性。这些信息对于自我认知还在形成中的大学生群体而言，很容易引起认知偏差，使他们对世界的理解带上情绪化和偏激的色彩，从而影响其对美好生活的追求。

自媒体内容的复杂性还表现为"真假混杂"的现象。一些自媒体内容通过掺杂部分真实信息，增加其可信度，从而更容易误导受众。例如，在社会热点事件中，一些自媒体为了吸引眼球，往往会通过断章取义、夸大事实甚至虚构细节来吸引关注。对于辨别能力处于成长阶段的大学生而言，这种真假混杂的信息更难以分辨，极易对他们的价值观和判断力造成冲击。这种现象使得大学生在形成对美好生活的看法时，往往会受到片面、夸大的信息影响，很难从全面、客观的角度去理解生活中的复杂性和多样性。

网络自媒体的内容生态中还存在"信息泡沫"的现象，即一些内容看似丰富多样，但实质上却是重复和低质量的信息充斥整个平台。这种信息泡沫导致大学生在面对信息时，无法获取有深度、有意义的内容，而是不断被浅显、重复的信息所占据，使他们的思维停留在较浅的层面上，难以进行有深度的思考和探索。这种现象对大学生的美好生活观产生了直接影响，使他们在生活的追求中缺乏深度和内涵，无法真正理解美好生活的本质。

三、信息茧房与同质化内容对价值观多样性的限制

自媒体的算法推荐机制进一步加剧了信息茧房的形成，使得大学生在接触信息时容易被困于一个狭隘、同质化的圈子中，难以接触到多元化的观点与内容。这种信息茧房的现象，使得大学生在获取信息时，只能接触到符合其原有

兴趣与观点的信息，长此以往，其价值观会被局限在特定的框架内，失去对多样化价值观的理解与包容能力。这种局限性不仅影响了他们对社会的全面认识，也使他们在美好生活观的塑造过程中容易陷入自我封闭的状态，缺乏对不同生活方式和价值取向的尊重和理解。

同质化的内容也对大学生的美好生活观产生了消极影响。在自媒体平台上，热门内容往往被算法频繁推荐，导致大学生接触的内容缺乏多样性与深度，呈现出同质化的趋势。这些内容通常以娱乐为主，浅层次的信息占据了大量注意力，使大学生在学习和思考深刻社会问题的时间和精力大大减少。在这样的环境中，他们对美好生活的理解往往停留于浅显的物质层面，而忽视了对精神生活、社会责任等更深层次的追求。

信息茧房的现象使得大学生的信息接收呈现出明显的局限性和偏向性，这种局限性导致他们的视野狭窄，缺乏对不同社会现实的全面认识。一些自媒体平台依赖复杂的推荐算法，这些算法通过对用户行为的分析来推送符合其偏好的内容，结果使得大学生只能接触到自己感兴趣的内容，忽视了对其他信息的了解。这种信息的单一性和同质性，抑制了大学生的批判性思维，使他们逐渐丧失对新鲜事物的好奇心与探索欲，进而影响其对生活的理解与追求。

这种信息茧房的现象还导致大学生在与他人交流时，缺乏多样化的视角和观点。由于长期被同质化的信息所包围，大学生的思维逐渐变得单一和固化，在与他人讨论社会问题、生活观念时，容易表现出偏激和缺乏包容的态度。这种现象不仅影响了他们对美好生活的理解，也阻碍了他们与他人之间的有效沟通与交流，使他们在社交生活中难以建立深厚的人际关系，进而影响他们的幸福感和归属感。

同质化的内容使得大学生在信息获取的过程中缺乏多样性和深度，导致他们对社会现实的理解停留在浅显的层面。自媒体平台上，以娱乐、消遣为主的内容充斥着大学生的日常生活，使他们在面对复杂社会问题时缺乏深入的思考和全面的理解，无法形成独立、深刻的观点。这种对深度和多样性的缺失，直接影响了大学生对美好生活的定义，使他们更加注重短期的物质享受，而忽视了对精神追求、社会责任等更为重要的生活价值。

四、自媒体中虚假信息的传播及其对大学生美好生活观的影响

自媒体的自由性和开放性使得虚假信息的传播变得更加容易。各种未经证

实的消息、谣言和假新闻在自媒体平台上迅速传播,影响了信息的真实与权威性。对于处于学习和成长阶段的大学生来说,他们的辨别能力尚在培养中,面对大量虚假信息,往往难以判断其真实性,从而受到误导。这些虚假信息可能夸大社会问题的严重性,或制造虚假的成功案例,导致大学生对社会与生活的理解产生偏差。例如,一些自媒体平台上关于快速致富、财富自由的虚假案例,通过夸张的宣传吸引大学生的注意,使他们对美好生活的追求偏向功利化,认为只有通过获取大量财富才能实现幸福生活。这种不切实际的目标与过度的物质追求,容易导致他们在现实生活中遇到困难时产生挫败感,甚至因盲目追求财富而陷入违法行为的风险。此外,虚假信息的传播还可能影响大学生对社会公平正义的看法,削弱他们对社会制度与国家政策的信任,进而影响其社会责任感和集体意识。

虚假信息的泛滥不仅影响了大学生对社会的认知,也导致他们在面对复杂社会问题时产生偏颇的见解。例如,一些关于社会不公、政策方面的虚假信息通过片面夸大的方式,误导大学生对社会制度和政策的理解,进而使他们对国家的信任感下降。这种信任感的削弱,影响到大学生对社会责任和集体意识的认同,使他们在对待公共事务时缺乏积极性和参与感。同时,这种消极心态也使得大学生在面对社会现实时,倾向于逃避和回避,而不是主动去理解和解决问题。

虚假信息对大学生认知的负面影响,不仅在于其对事实的扭曲,更在于其对大学生心理造成的冲击。一些自媒体平台上的假信息刻意迎合社会热点和焦虑,制造虚假新闻或夸大事实,使大学生产生对现实生活的不安和对未来发展的悲观情绪。这些情绪会对大学生的心理健康产生消极影响,甚至可能影响他们的决策能力和价值观塑造。为了减少虚假信息的负面影响,亟须通过多方努力,包括自媒体平台的监管与内容审查,以及大学生自身信息素养的提升。

五、自媒体对大学生心理健康的影响

自媒体对大学生心理健康的影响也是美好生活观培育过程中面临的重要挑战。自媒体平台上的内容往往追求流量和点击率,注重表现生活中的"美好一面",忽视了生活的真实和多样性。许多网红通过精心包装、滤镜修饰展示所谓的"完美生活",营造出一种不切实际的生活状态。这些经过美化的内容,极易让大学生在潜意识中产生攀比心理,认为自己的生活不如他人,从而产生焦虑、自卑等负面情绪，影响其心理健康和对美好生活的认知。此外，自媒体上不断更新的内容和碎片化的信息，使得大学生容易陷入"信息过载"状态，无法有效管理自己的时间和精力。长时间沉迷于刷短视频、阅读八卦新闻等，导致他们的学习效率下降，生活节奏被打乱，甚至影响到正常的社交和生活质量。这种对时间的无节制消耗，不仅影响大学生的学业和生活，还对他们的美好生活观产生负面影响，使他们难以找到生活的真正意义和方向。

自媒体带来的心理压力还体现在虚拟身份的维护上。许多大学生在社交媒体上塑造了一个与现实生活不完全一致的虚拟形象，这种虚拟身份的维护需要耗费大量的时间与精力，同时也使他们在现实生活中感受到较大的心理负担。当他们无法达到自己在网络上塑造的理想状态时，容易产生失落、沮丧的情绪，进而影响到自尊心与心理健康。这种身份的割裂不仅使得大学生在虚拟世界中迷失自我，也影响他们在现实生活中的社交和自我认同。

碎片化的信息传播导致大学生的注意力涣散，难以深入思考和系统化地理解问题。在自媒体环境下，信息的传递往往是快速且浅显的，许多大学生习惯了短小精悍的内容形式，而缺乏对复杂问题进行深度思考的耐心和能力。这种信息处理方式的改变，直接影响了他们的学习和认知模式，削弱了他们的逻辑思维能力和问题解决能力。长此以往，大学生的学习习惯和认知能力都会受到负面影响，使得他们在学业上难以取得理想的进步，甚至对未来的职业发展也会产生不利影响。

六、网络社交的虚拟性对人际关系和社会适应能力的影响

网络自媒体的社交功能使得大学生的社交方式发生重大变化，网络社交在大学生生活中占据了越来越重要的位置。通过自媒体平台，大学生可以随时与他人交流，表达观点，分享生活点滴。然而，这种网络社交的虚拟性也对他们的人际关系与社会适应能力产生了负面影响。

首先，网络社交的虚拟性使大学生的人际关系更加浅层化、碎片化。相比于面对面的交流，网络社交缺乏真实的情感互动，许多关系仅停留在点赞、评论等浅层次的互动上，难以建立深厚的情感联系。这种人际关系的虚拟化和浅层化，容易导致大学生在现实生活中感到孤独，缺乏归属感，影响其对美好生活的认知与追求。

其次，长期依赖网络社交，导致部分大学生在现实生活中的社交能力下

降，难以应对面对面的社交场合，表现出社交恐惧、不自信等问题。这种社交能力的缺失，不仅影响他们的职业发展与人际交往，也对其生活满意度和幸福感产生负面影响。美好生活观的培育需要建立在良好的人际关系和社会适应能力的基础上，网络社交的虚拟性使得大学生在这一方面存在不足，影响了他们对美好生活的理解与实现。

网络社交的虚拟性还导致大学生在面对现实问题时更倾向于回避。由于网络社交中的互动可以通过屏幕进行，大学生在面对冲突或意见不一致时，更容易选择退出或忽略，而不是积极解决。这种回避行为在现实生活中会逐渐转化为对实际人际关系的逃避，影响他们解决问题的能力和与他人建立深厚关系的意愿。此外，网络社交中的虚拟身份也使得大学生在与人交往时，倾向于展示自己理想化的一面，隐藏缺点和不足，这导致他们在现实生活中感到自我压力，无法真实地与他人交流，最终影响到其社交满意度和心理健康。

网络社交的碎片化使得大学生对社交关系的依赖性和认同感减弱。在虚拟环境中，他们往往通过快速的互动来获得一时的满足，但这种浅显的互动无法替代深层次的情感联结和归属感，导致他们在现实中无法建立起稳固的人际关系网络。这种缺乏稳定支持系统的状态，使得大学生在面对挫折或困境时，更容易感到无助与孤独。此外，过度依赖网络社交也会导致他们忽视现实生活中的人际交往，缺乏与他人面对面的沟通与互动，进一步加剧其社会适应能力的退化。

七、有效应对网络自媒体影响的策略

面对网络自媒体对大学生美好生活观的多方面影响，采取有效的应对策略显得尤为重要。首先，学校和社会应加强对大学生媒介素养的教育，帮助他们提升信息辨别能力，理性看待自媒体中的各种内容。通过媒介素养课程、讲座等形式，大学生可以掌握如何筛选和判断信息的方法，避免受到虚假信息和不良内容的误导。媒介素养教育应着重培养大学生的批判性思维能力，使他们在面对不同类型的信息时能够保持理性和警觉，增强对信息的分析和判断能力。此外，学校可以组织相关的研讨会和小组讨论，鼓励大学生就自媒体对生活和价值观的影响进行反思与交流，促进他们在相互启发中形成更加全面和健康的美好生活观。

其次，大学生自身也应增强对自媒体内容的反思能力，保持独立思考的精

神，不盲目跟风，不被表面的浮华所迷惑。大学生应注重平衡线上与线下生活，减少对虚拟世界的依赖，多参与现实中的社交活动和集体活动，培养健康的人际关系与社会适应能力。通过参与社团活动、志愿服务等，大学生可以在现实生活中找到更多与人交往的机会，增强对集体的归属感和对现实世界的认同感。

再次，国家和社会应加强对自媒体平台的监管，打击虚假信息和有害内容的传播，营造清朗的网络空间。通过法律法规的完善，以及自媒体平台自律机制的建立，减少不良内容对大学生的负面影响，推动其美好生活观的健康培育。政府可以通过与科技企业的合作，利用大数据和人工智能技术，加强对虚假信息的监控和处理力度，建立起更为可靠的内容审核体系，防止有害信息的扩散。

最后，营造良好的家庭氛围。家长应引导大学生合理使用网络，树立健康的网络使用观念。在家庭中营造开放、支持的氛围，鼓励大学生与父母分享他们在网络中接触到的信息和产生的困惑，这有助于家庭成员之间的相互理解和共同成长。家庭教育与学校教育相结合，可以为大学生提供全方位的支持，帮助他们更好地应对自媒体对美好生活观的影响。

总之，网络自媒体的影响是新时代大学生美好生活观培育过程中面临的重要挑战。自媒体的迅速发展带来了信息获取的便利与表达的自由，但也伴随着价值观的偏差、信息茧房、虚假信息的传播等问题。这些问题对大学生的美好生活观产生了深刻影响，需要通过学校教育、个人反思、家庭支持以及社会监管等多方面的努力，共同营造有利于大学生健康成长的网络环境，帮助他们树立正确的美好生活观。通过提升媒介素养、增强批判性思维、平衡虚拟与现实生活以及加强监管等手段，可以有效应对自媒体对大学生美好生活观的消极影响，推动他们实现全面而健康的发展。

第二节　西方价值观对大学生美好生活观培育的影响

一、西方国家从未间断意识形态领域的渗透

自新中国成立以来，以美国为首的西方阵营，通过多种形式和途径对中国

进行文化渗透。文化渗透作为一种软实力的运用，不仅影响着国家之间的政治、经济关系，更深刻地影响着国民的思想观念和价值取向。对于处于人生观、价值观形成关键时期的大学生群体而言，西方价值观的渗透更具针对性和深远影响，进而对其美好生活观的培育产生了重要影响。

(一)新中国成立初期的文化渗透

新中国成立初期，正值冷战初期，西方国家特别是美国对新生的中华人民共和国持怀疑和敌视态度。为了遏制共产主义在亚洲的扩展，美国及其西方盟友通过多种手段试图影响中国的文化建设和社会意识形态。

首先，意识形态的对抗是文化渗透的核心。美国通过各种宣传渠道，向中国传播资本主义和民主自由的理念，试图动摇中国共产党的执政基础。例如，美国政府支持的广播电台、出版物以及秘密组织，向中国传递反共的信息，试图削弱中国人民对社会主义制度的信心。

其次，文化产品的渗透也是重要手段。尽管在新中国成立初期，西方文化产品在中国市场的渗透受到限制，但仍有部分电影、音乐、文学作品通过走私或秘密渠道进入中国。这些文化产品不仅带来了西方的生活方式和价值观，还潜移默化地影响着中国人民尤其是青少年的思想观念。

(二)冷战时期的两大阵营对立与文化渗透

冷战时期，世界被分为以美国为首的资本主义阵营和以苏联为首的社会主义阵营，两大阵营在全球范围内展开了全面而激烈的竞争。文化渗透作为软实力的重要组成部分，成为两大阵营斗争的重要战场。

在这一时期，美国通过"文化帝国主义"理论，系统性地输出其主流文化和价值观，试图在全球范围内建立有利于自身的意识形态环境。通过扶持好莱坞电影、流行音乐、时尚潮流等文化产业，美国不仅向世界展示其国家形象和生活方式，还将个人主义、自由市场经济、民主制度等核心价值观念传播到世界各地。

针对中国，美国在冷战期间采取了更加隐蔽和多样化的文化渗透手段。通过支持驻华机构、留学生项目以及文化交流活动，美国试图在中国知识分子和青年学生中培养亲西方的思想倾向。例如，美国中央情报局(CIA)曾秘密资助在华文化团体，推动反共宣传，企图影响中国的政治和社会环境。

中国在冷战期间也积极进行文化建设，强化社会主义意识形态的宣传与教育。中国通过强化集体主义、社会主义核心价值观，抵御西方文化的冲击。然而，尽管面临严峻的意识形态斗争，西方文化渗透依然对中国社会产生了不容忽视的影响。

(三)改革开放后的文化渗透加剧

改革开放以来，中国逐步融入全球化进程，经济的快速发展和对外开放政策的实施，使得西方文化产品更容易进入中国市场。互联网的普及和信息技术的飞速发展，进一步加剧了西方文化的渗透力度。

首先，西方主流文化通过影视、音乐、时尚等多种形式大规模涌入中国。好莱坞电影、欧美流行音乐、国际时尚品牌等不仅满足了中国消费者的物质需求，也在潜移默化中影响着中国年轻一代的审美观和价值观。例如，强调个人自由、追求自我实现的西方价值观，与中国传统的集体主义和家庭观念形成了鲜明对比，导致部分大学生在价值观上出现了分裂和困惑。

其次，西方的教育理念和管理模式也通过留学、教育交流等途径影响着中国的高等教育体系。许多中国学生选择赴美、英等国留学，接触和接受西方的教育模式和价值观念。这些留学生在回国后，往往带回西方的思想观念和生活方式，对中国的教育体系和社会价值观产生一定的冲击。

此外，西方的科技和信息传播手段也为文化渗透提供了新的渠道。社交媒体、网络平台的普及，使得西方文化信息更加迅速和广泛地传播到中国。通过互联网，大学生可以方便地接触到各种西方思想、理念和生活方式，从而在潜移默化中影响其美好生活观的形成。

(四)新时代美国为首的西方国家对中国的文化渗透

党的十八大以来，中国人民在中国共产党的领导下，取得了一个又一个伟大成功，如精准脱贫和新冠抗疫等成功案例。近年来，美国在全球范围内推动"价值观输出"战略，进一步加强对中国的文化渗透力度。以美国为首的西方国家，通过一系列政策和措施，试图在文化、教育、科技等领域对中国进行全面渗透，影响中国青年的思想观念和价值取向。

首先，美国通过媒体和互联网平台，持续输出其主流文化和价值观念。主流媒体如 CNN、Fox News 等，通过新闻报道、文化节目等形式，塑造有利于美国的国际形象，传播民主、自由、个人主义等核心价值观。同时，社交媒体平台如 Facebook、Twitter、YouTube 等，成为西方文化传播的重要工具，直接影响中国大学生的思想和行为。

其次，美国通过教育体系进行价值观渗透。美国高校注重培养学生的批判性思维和个人表达能力，强调自由、民主和多元化的教育理念。大量中国学生赴美留学，在学习和生活中接受西方的教育模式和价值观念。这些留学生在回国后，往往带回西方的思想观念，对中国的社会价值观产生影响。

再次，在科技领域，美国通过互联网巨头如谷歌、苹果、微软等，控制着大量的信息流通渠道，影响着中国大学生获取信息和知识的途径。这些科技巨头不仅提供便捷的网络服务，还通过算法推荐和内容审核，塑造用户的认知框架和价值导向。例如，社交媒体平台通过算法推荐，优先展示符合西方价值观的内容，潜移默化地影响用户的思想和行为。

此外，美国还通过各种文化交流项目和非政府组织，向中国传播其文化和价值观。例如，通过孔子学院以外的文化交流机构，美国推广其文化课程、艺术活动和学术交流，试图在中国社会中建立有利于美国的文化氛围。同时，一些西方非政府组织利用软实力，推动民主、人权等议题，影响中国的社会观念和政策制定。

(五)西方文化渗透对大学生美好生活观培育的影响

西方的文化渗透对大学生美好生活观的形成产生了多方面的影响，具体表现如下：

（1）个人主义与集体主义的冲突

西方文化强调个人自由、权利和自我实现，倡导个性化的发展和独立自主的生活方式。这种价值观与中国传统的集体主义、家庭观念形成对比，导致部分大学生在追求个人目标和集体利益之间产生矛盾和困惑。个人主义的兴起，可能削弱大学生的社会责任感和集体意识，影响其对美好生活的理解和追求。

（2）感性消费与理性消费观念的冲突

西方文化中普遍存在的消费主义观念，鼓励追求物质享受和即时满足，强调通过消费来实现自我价值和幸福感。这种观念在大学生中引发了对物质生活的过度追求，导致他们忽视精神层面的充实和内心的满足。消费主义的影响，可能使大学生对美好生活的定义过于狭隘，忽视了精神和道德层面的提升。

（3）多元价值与核心价值的冲突

西方文化的多元化和包容性，使得大学生接触到各种不同的文化和价值观念。这种多元文化的环境，丰富了大学生的视野和思维方式，但也带来了价值观的多样性和复杂性。面对多元文化的冲击，部分大学生可能出现价值观的混乱和动摇，影响其对美好生活的稳定追求。

（4）教育理念与学习方式的转变

西方教育强调批判性思维和自主学习，鼓励学生质疑权威和探索未知。这种教育理念的渗透，改变了中国大学生的学习方式和思维模式。虽然促进了创新能力的培养，但也可能导致学生对传统文化和价值观的疏离，影响其对美好生活的全面理解和追求。

西方价值观对中国大学生美好生活观的培育具有深远影响，既带来了积极的思想启迪，也带来了潜在的价值冲突和挑战。在全球化和信息化的背景下，如何有效应对西方文化的渗透，维护和弘扬社会主义核心价值观，成为高校思想政治教育的重要任务。通过加强思想政治教育、丰富校园文化生活、提升批判性思维能力等多方面的努力，可以有效引导大学生树立正确的美好生活观，促进其全面健康的发展。

二、现代信息技术发展使西方价值渗透变得更加隐秘和便捷

信息技术的迅猛发展和广泛应用，极大地改变了全球信息传播的格局，为西方价值观的传播提供了更加便捷和高效的途径。在自媒体技术、网络人际交往以及国际贸易交往等多个方面，信息技术成为西方价值观渗透的重要渠道，对中国大学生的美好生活观培育产生了深远影响。这一过程中，信息技术不仅促进了文化交流与互动，也加剧了价值观念的碰撞与融合，给中国大学生在全球化背景下的价值观形成带来了新的挑战和机遇。

（一）自媒体技术与西方价值观的传播

自媒体技术的兴起，使得信息传播的门槛大幅降低，任何个人或组织都可以通过互联网平台发布和传播内容。这种去中心化的信息传播方式，极大地扩展了西方价值观的传播范围和影响力。

首先，社交媒体平台如 Facebook、Twitter、Instagram 以及中国的微博、微信等，成为西方文化输出的重要工具。西方国家通过这些平台发布各种文化内

容，包括影视作品、音乐、时尚潮流以及生活方式等，直接影响着中国大学生的审美观和生活方式。例如，好莱坞电影和欧美流行音乐通过这些平台迅速传播，塑造了年轻一代对娱乐、爱情、友谊等方面的价值观念。大学生在日常使用社交媒体的过程中，潜移默化地接受和认同这些西方价值观，进而影响其对美好生活的理解和追求。

其次，博客、播客和视频平台（如 YouTube、Bilibili）等自媒体形式，为西方价值观的传播提供了多样化的内容和表达方式。西方的意见领袖、文化名人通过这些平台分享他们的思想、观点和生活方式，吸引了大量中国大学生的关注和模仿。例如，西方的个人主义、自由表达、创业精神等通过这些平台传递，鼓励大学生追求自我实现和创新创业，影响其对职业发展和个人生活的规划。

此外，自媒体技术还促进了跨文化交流与互动。中国大学生可以通过自媒体平台与西方的同龄人进行实时交流，分享彼此的文化体验和生活感受。这种互动不仅增强了文化理解与认同，也使得西方价值观在交流过程中得到进一步传播和深化。然而，这种开放的交流环境也带来了价值观的冲突和挑战，大学生在多元文化的冲击下，可能出现价值观念的混淆和动摇。

（二）网络人际交往与西方价值观的渗透

网络人际交往的普及，使得跨国界的社交互动变得更加便捷和频繁。通过网络平台，西方价值观能够深入渗透到中国大学生的日常生活和人际关系中，对其美好生活观的形成产生重要影响。

首先，网络社交平台如 Facebook、Twitter、LinkedIn 等，为中国大学生提供了与西方同龄人交流和互动的机会。这些平台不仅是信息交流的工具，更是价值观传播的载体。通过与西方朋友的互动，大学生能够直接接触和体验西方的生活方式、思维方式和价值观念。例如，西方的个人主义、自由表达、平等观念等在日常交流中得到体现和传递，潜移默化地影响着大学生的价值观念和行为模式。

其次，虚拟社区和在线论坛为西方价值观的讨论和传播提供了空间。中国大学生可以在这些平台上参与到有关民主、自由、人权、环境保护等议题的讨论中，了解西方的价值观念。这种参与不仅扩展了大学生的视野，也增强了他们对西方价值观的理解。例如，在 Reddit、Quora 等西方主导的论坛上，关于个人权利、社会正义等话题的讨论，能够引发中国大学生对这些价值观的思考，进而影响其对美好生活的追求和定义。

此外,网络游戏、虚拟现实(VR)等新兴的网络人际交往方式,也成为西方文化和价值观传播的重要渠道。西方游戏中所蕴含的竞争精神、合作意识、团队协作等价值观,通过游戏玩法和故事情节传递给中国大学生。例如,许多西方网络游戏强调个人英雄主义和团队协作,这些价值观在游戏中得到强化,潜移默化地改变着大学生的团队合作意识和个人成就观念。

网络人际交往中的西方价值观传播也带来了负面的影响。一方面,过度接受西方的个人主义和自由表达,可能削弱大学生的集体主义和社会责任感;另一方面,网络空间的匿名性和开放性,容易滋生极端思想和不良信息,对大学生的价值观形成产生负面影响。因此,高校在加强网络舆论引导的同时,应注重培养大学生的网络素养和辨别能力,帮助他们在网络交往中树立正确的价值观。

(三)国际贸易交往与西方价值观的影响

国际贸易作为全球化的重要组成部分,不仅推动了经济的互联互通,也促进了文化的交流与融合。通过国际贸易交往,西方价值观得以在更广泛的层面上传播和影响中国大学生的美好生活观。

首先,国际贸易促进了西方品牌和产品在中国市场的广泛传播。西方的消费品、科技产品、生活方式通过国际贸易进入中国,成为中国大学生日常生活的一部分。例如,苹果、耐克、星巴克等西方品牌,通过其产品和服务,传递了西方的消费文化和生活理念。大学生在使用这些产品的过程中,不仅满足了物质需求,也接触和认同了西方的消费观念和生活方式,影响其对美好生活的追求。

其次,跨国公司的进入和运营,带来了西方的企业文化和管理理念。许多跨国公司在中国设立分支机构,通过其企业文化的传播,影响中国员工和大学生的职业价值观。例如,西方企业强调的创新精神、团队合作、开放沟通等管理理念,通过企业文化培训和日常管理,潜移默化地改变着大学生的职业规划和工作态度。大学生在与跨国公司的接触中,逐渐接受和认同这些西方的职业价值观,进而影响其对职业发展的期望和追求。

此外,国际贸易交往中的文化交流活动,也是西方价值观传播的重要途径。通过参加国际贸易展览、商务洽谈、跨国合作项目等活动,中国大学生有机会直接接触和体验西方的商业文化和价值观。例如,在参加国际贸易展览时,大学生能够了解到西方国家在商业运作、市场营销、品牌建设等方面的先进理念和做法,激发他们对创新创业的兴趣和信心,影响其对美好生活的定义和追求。

　　然而,国际贸易交往中西方价值观的传播也伴随着文化冲突和价值观念的碰撞。西方的商业文化和价值观念,可能与中国传统文化和社会主义核心价值观存在差异,导致大学生在接受西方价值观的过程中,出现价值观念的混淆和矛盾。因此,高校在开展国际贸易相关教育和活动时,应注重引导大学生正确理解和融合中西方的价值观念,帮助他们在全球化背景下树立正确的美好生活观。

(四)信息技术推动西方价值观传播的基本特点

　　信息化技术通过多种机制和路径,推动了西方价值观的广泛传播和深度渗透。这些机制和路径不仅提升了信息传播的效率和覆盖面,也增强了西方价值观在中国大学生中的影响力。

　　首先,信息传播的即时性和广泛性,是信息化技术推动西方价值观传播的关键机制。互联网技术的发展,使得信息传播几乎无时间和空间的限制,西方的文化产品和价值观念能够迅速传播到中国各地,尤其是年轻一代的大学生群体。通过社交媒体、视频平台、自媒体等渠道,西方价值观得以快速、广泛的传播和渗透,影响大学生的日常生活和思想观念。

　　其次,信息技术的互动性和参与性,增强了西方价值观传播的效果和深度。相比传统的单向传播,互联网平台提供了双向互动和多向交流的机会,使得大学生不仅是信息的接受者,更是参与者和传播者。这种互动性和参与性,使得西方价值观能够在交流和互动中得到深化和强化,增强了其在大学生中的影响力。例如,大学生在参与到西方文化讨论、分享和创作中,不仅接受了西方的价值观念,也通过自身的表达和传播,进一步扩散了这些价值观。

　　此外,信息化技术的个性化推荐和算法驱动,成为西方价值观传播的重要路径。大数据和人工智能技术,使得社交媒体平台能够根据用户的兴趣和行为习惯,精准推送符合其偏好的内容。这种个性化推荐机制,能够有效地将西方的文化产品和价值观念推荐给目标用户,增强信息传播的针对性和有效性。例如,YouTube 和 Instagram 的推荐算法,会根据用户的观看和互动记录,推荐更多符合西方价值观的内容，进一步加深中国大学生对这些价值观的认同和接受。

另外，信息化技术促进了多媒体内容的丰富性和多样性，增强了西方价值观传播的吸引力和感染力。通过视频、音频、图像、动画等多种形式，西方的文化内容更加生动和直观，能够更好地吸引和影响大学生的注意力和情感。例如，西方的影视作品通过高质量的制作和情节设计，展现了自由、民主、个人主义等价值观念，激发中国大学生对这些价值观的认同和追求。

（五）信息技术推动西方价值观传播的影响与挑战

信息化技术在推动西方价值观传播的过程中，既带来了积极的影响，也面临着诸多挑战。这些影响和挑战，直接关系到中国大学生美好生活观的形成和发展。

首先，信息化技术促进了大学生的国际视野和文化理解。通过互联网平台和自媒体，大学生能够方便地接触和了解西方的文化、思想和价值观，拓宽了他们的视野和认知范围。这种开放的文化交流，有助于大学生形成更加全面和多元的美好生活观，增强其适应全球化发展的能力和竞争力。然而，信息化技术也带来了西方价值观对中国传统文化和社会主义核心价值观的冲击和挑战。一方面，西方的个人主义、消费主义、自由表达等价值观念，与中国的集体主义、道德伦理、社会主义核心价值观存在显著差异，导致大学生在接受西方价值观的过程中，可能出现价值观念的混淆和冲突。另一方面，信息化技术的匿名性和开放性，容易滋生极端思想和不良信息，对大学生的价值观形成产生负面影响。例如，网络暴力、虚假信息、极端言论等，通过互联网平台迅速传播，可能导致大学生产生错误的价值判断和行为偏差，影响其健康成长和美好生活观的形成。

其次，信息化技术的迅速发展，使得西方国家能够更加精准和高效地进行文化渗透和价值观传播。这种精准传播，增强了西方价值观对中国大学生的影响力，甚至在某些方面，超越了本土文化的影响力。这种现象，既有助于大学生形成开放和多元的价值观，也可能导致他们对本土文化和价值观的认同感下降，影响社会的文化凝聚力和价值体系的稳定性。

(六)信息技术时代下的应对策略

面对信息化技术时代西方价值观的广泛传播和深度渗透,高校和相关教育机构需要采取多方面的应对策略,帮助大学生在全球化背景下树立正确的美好生活观,维护和弘扬社会主义核心价值观。

第一,加强思想政治教育,提升大学生的文化自信和价值认同。高校应通过课堂教学、主题讲座、思想交流等多种形式,系统地传授社会主义核心价值观,增强大学生的文化自信和国家认同感。通过深入分析和解读西方价值观的利弊,引导大学生树立正确的价值观念,增强他们对本土文化和价值观的认同和自豪感。

第二,提升大学生的信息素养和批判性思维能力,帮助他们理性分析和辨别西方价值观的合理性与局限性。高校应开设信息素养和批判性思维相关课程,培养大学生在海量信息中筛选、分析和判断的能力,避免被不良信息和极端思想所误导。同时,通过组织讨论、辩论和案例分析等活动,增强大学生的独立思考能力和判断能力,帮助他们在面对多元文化冲击时,保持价值观的稳定性和独立性。

第三,丰富校园文化生活,增强大学生对本土文化的认同感和归属感。高校应通过举办文化节、艺术展览、传统节日庆祝等活动,展示中国丰富多彩的传统文化和现代文明,提升大学生的文化素养和审美能力。同时,鼓励大学生参与到本土文化的传承与创新中,增强他们对本土文化的认同和热爱,形成积极向上的文化氛围。

第四,加强网络舆论引导和管理,构建健康积极的网络环境。高校和相关部门应加强对网络空间的舆论引导,积极传播正能量,抵御不良信息和西方文化的负面影响。通过建立健全的网络管理机制,打击网络暴力、虚假信息和极端言论,维护大学生在网络空间的健康成长。同时,利用网络平台开展正面宣传和思想引导,增强大学生的价值观认同和文化自信。

第五,推动国际文化交流与合作,促进东西方文化的互鉴与融合。高校应积极开展中外文化交流项目,促进东西方文化的互鉴与融合,帮助大学生在多元文化环境中保持文化自信和价值定力。通过组织留学交流、国际学术合作、跨文化研讨等活动,增强大学生的国际视野和文化理解能力,促进他们在全球化背景下树立正确的美好生活观。

第六，加强政策支持与制度保障，为大学生价值观培育提供良好环境。政府和高校应制定和落实相关政策，支持思想政治教育和文化建设，营造良好的价值观培育环境。通过加大对思想政治教育的投入，完善相关制度和机制，保障大学生在价值观培育过程中的资源和支持，促进其全面健康发展。

信息技术的普及和发展，为西方价值观的传播提供了更加便捷和高效的途径，对中国大学生的美好生活观培育产生了深远影响。通过自媒体技术、网络人际交往和国际贸易交往等渠道，西方价值观得以广泛传播和深度渗透，影响着大学生的思想观念和价值取向。然而，这一过程中也带来了价值观念的冲突和挑战，大学生在全球化背景下需要在多元文化的环境中树立正确的美好生活观。

为了有效应对信息技术时代西方价值观的传播和渗透，高校和相关教育机构需要采取多方面的策略，提升大学生的文化自信和价值认同，增强他们的信息素养和批判性思维能力，丰富校园文化生活，构建健康积极的网络环境，推动国际文化交流与合作，并加强政策支持与制度保障。通过这些综合性的努力，可以帮助大学生在信息技术的影响下，树立正确的美好生活观，促进其全面健康发展，维护和弘扬社会主义核心价值观，推动新时代大学生的思想政治教育事业不断迈上新台阶。

三、认清西方"普世价值"的真实意图

西方"普世价值观"作为一种全球性的意识形态体系，自 20 世纪以来，通过多种途径和方式在全球范围内传播和渗透。这些价值观包括民主、自由、人权、法治、市场经济等，不仅构成了西方国家的社会基石，也被视为推动全球化进程的重要力量。然而，西方"普世价值观"的传播背后隐藏着复杂的真实意图，这些意图不仅仅是单纯的价值观推广，更涉及政治、经济、文化等多方面的深层次战略目标。对于中国大学生而言，理解西方"普世价值观"的真实意图，对于正确认识和应对西方价值观的影响，具有重要的现实意义。本节将西方"普世价值观"的真实意图整合并分为四个部分进行探讨：维护和扩展西方国家的政治影响力、促进经济利益和市场扩展、强化文化软实力和文化霸权、推动全球治理与制度输出。

(一)推行强权政治

西方"普世价值观"的推广,首先是为了维护和扩展以美国为首的西方国家的政治影响力。通过倡导民主、自由等价值观,西方国家试图构建一个以自身意识形态为主导的国际秩序。这不仅有助于巩固西方国家在国际政治中的主导地位,还能通过价值观的输出,影响其他国家的政治制度和治理模式。

意识形态对抗与政治主导地位。在冷战期间,西方国家特别是美国,将民主和资本主义视为对抗共产主义的关键工具。通过各种国际组织和多边机制,西方国家推动民主选举和人权保障,试图在全球范围内建立一个有利于自身利益的政治环境。这种意识形态对抗不仅限于政治领域,还渗透到文化和教育等多个方面,通过多层次、多渠道的传播方式,增强其政治主导地位。

国际组织与多边机制的利用。西方国家在联合国、世界银行、国际货币基金组织等国际组织中占据主导地位,通过这些平台推广其政治理念和价值观。例如,联合国的人权理事会通过制定和推广人权标准,强化西方国家在全球人权事务中的影响力。此外,通过参与和主导国际条约和协议,西方国家能够在全球治理中发挥关键作用,进一步巩固其政治影响力。

(二)获取经济霸权

西方"普世价值观"的传播,与其经济利益和市场扩展密切相关。自由市场经济和资本主义理念是西方经济模式的重要组成部分,通过推广这些理念,西方国家不仅促进了自身经济体系的输出,还为其跨国企业的全球扩展创造了有利条件。

西方国家通过倡导自由市场经济和资本主义理念,推动全球经济一体化。这不仅有助于扩大西方国家在全球经济中的主导地位,还为其跨国企业提供了广阔的市场和资源。自由市场经济强调竞争、创新和效率,这与西方国家的经济利益高度契合,通过这种价值观的输出,西方国家能够促进全球市场的开放和自由化,增强其经济影响力。

西方跨国企业在全球范围内的扩展,不仅带动了经济全球化进程,也成为传播西方价值观的重要载体。通过企业文化、管理理念和品牌建设,这些跨国公司在不同国家和地区传播西方的商业模式和生活方式。例如,苹果、微软、星巴克等企业,通过其产品和服务,传递了西方的创新精神、消费者文化和生活理念，影响着全球消费者尤其是年轻一代的价值观念和生活方式。

（三）强化文化霸权

文化软实力是西方国家在全球竞争中占据优势的重要手段之一。通过推广"普世价值观"，西方国家不仅输出了自身的文化产品和生活方式，还通过这些文化元素强化了其文化霸权地位。

文化帝国主义与软实力运用。西方国家通过文化帝国主义理论，系统性地输出其主流文化和价值观，试图在全球范围内建立有利于自身的文化环境。电影、音乐、文学、互联网等多种文化载体成为传播西方价值观的重要渠道。例如，好莱坞电影通过生动的故事情节和人物塑造，传播个人主义、自由表达等价值观，深刻影响着全球观众的思想和行为模式。

媒体与娱乐产业的主导地位。西方国家特别是美国，通过控制全球主流媒体和娱乐产业，进一步巩固其文化软实力。主流媒体如 CNN、BBC、Fox News 等，通过新闻报道、文化节目等形式，塑造有利于西方的国际形象，传播民主、自由、个人主义等核心价值观。同时，流行音乐、时尚潮流、互联网文化等娱乐形式，通过多样化和高质量的内容，吸引全球年轻一代的关注和认同，增强西方价值观的影响力。

（四）构建国际单一秩序

西方"普世价值观"的推广，亦旨在推动全球治理体系的重塑和制度输出。通过倡导民主选举、法治建设、人权保障等理念，西方国家试图在全球范围内推广其政治和社会制度，构建一个以西方利益核心的国际秩序。

全球治理体系的塑造。在应对全球性挑战如气候变化、恐怖主义、公共卫生等问题时，西方国家通过倡导国际合作、透明治理和科学决策，试图在全球治理体系中占据主导地位。通过参与和主导国际会议、谈判和协议，西方国家能够塑造全球治理规则，推动符合自身利益的发展方向。例如，在气候变化谈判中，西方国家通过倡导绿色经济和可持续发展，推动全球治理体系向有利于自身发展的方向演变。

制度输出与政治模式推广。西方国家通过各种国际合作项目和援助计划，推广其政治模式和制度。例如，美国通过民主援助项目，支持其他国家进行民主选举和法治建设，试图在全球范围内推广民主和法治理念。这种制度输出不仅有助于构建一个符合西方利益的国际秩序，还能通过改变其他国家的政治结构和社会制度，减少对西方国家的不利因素，巩固其全球战略目标。

四、对中国大学生美好生活观的影响

西方"普世价值观"的传播，对中国大学生的美好生活观培育产生了深远的影响。一方面，这些价值观念为大学生提供了多元化的思想资源，促进了他们的国际视野和批判性思维能力。通过接触和理解西方的民主、自由、人权等理念，大学生能够在全球化背景下，形成更加全面和多元的价值观体系。然而，另一方面，西方"普世价值观"的传播也带来了价值观念的冲突和混淆，部分大学生在接受西方价值观的过程中，可能出现对本土文化和社会主义核心价值观的认同感下降现象，甚至产生价值观念的迷失和偏离现象。

文化自信与价值认同的提升。面对西方价值观的冲击，中国大学生需要在全球化和信息化的背景下，正确认识和理解西方"普世价值观"的真实意图，保持文化自信和价值定力。通过加强思想政治教育，提升文化素养和批判性思维能力，大学生能够在多元文化的冲击下，树立正确的美好生活观，维护和弘扬社会主义核心价值观，实现个人全面健康的发展。

批判性思维与信息素养的培养。为了应对西方"普世价值观"的复杂影响，高校应注重培养大学生的批判性思维和信息素养。通过开设相关课程、组织讨论和辩论等形式，增强大学生在海量信息中筛选、分析和判断的能力，避免被不良信息和极端思想所误导。批判性思维的培养，不仅有助于大学生理性分析和辨别西方价值观的合理性与局限性，还能促进他们在面对多元文化冲击时，保持价值观的稳定性和独立性。

本土文化的传承与创新。高校应通过丰富的校园文化生活，增强大学生对本土文化的认同感和归属感。通过举办文化节、艺术展览、传统节日庆祝等活动，展示中国丰富多彩的传统文化和现代文明，提升大学生的文化素养和审美能力。同时，鼓励大学生参与到本土文化的传承与创新中，增强他们对本土文化的认同和热爱，形成积极向上的文化氛围。

面对西方"普世价值观"的广泛传播和深度渗透，高校和相关教育机构需要采取多方面的综合应对策略。通过加强思想政治教育、提升信息素养、丰富校园文化生活、构建健康积极的网络环境、推动国际文化交流与合作以及加强政策支持与制度保障，可以有效引导大学生树立正确的美好生活观，维护和弘扬

社会主义核心价值观，促进其全面健康发展。

第三节　美好生活观引导机制的不健全

新时代大学生的美好生活观培育涉及社会、家庭、学校等多方面的协调与引导，是一个复杂的过程。然而，在这一过程中，当前的引导机制存在诸多不足，导致大学生对美好生活的理解存在偏差，无法充分认识到美好生活的本质，甚至可能受到社会不良风气的影响，陷入物质主义和个人主义的陷阱。为了明确这些问题，本书从政策支持体系不完善、引导主体多样性不足、评价体系的单一性等方面进行深入分析。

一、政策支持体系的不完善

政策引导在大学生美好生活观的培育过程中起着至关重要的作用。然而，目前政策支持体系存在一定不足，尤其是系统性不强和具体操作性不够，导致难以在大学生中真正落地和生根发芽。首先，虽然国家层面有诸多有关青少年思想政治教育的政策，但这些政策往往缺乏具体性和可操作性，无法有效指导学校和社会其他机构进行实践。例如，政策文件多偏重原则性描述，缺乏具体的实施方案和评估标准，导致各类主体在实施过程中缺乏明确的方向和实质性的指导。

其次，地方和学校在政策执行过程中往往存在差异，难以做到统一和全面覆盖。一些高校和地区在政策资源分配上存在不平衡，尤其是偏远地区和普通高校，受限于经费和人力，无法有效落实国家政策，导致相关教育资源和实践机会严重不足。这种不均衡的政策支持加剧了不同地区和学校之间的教育质量差异，使得一部分大学生缺乏足够的思想引导和文化滋养，无法树立正确的美好生活观。

再次，政策的实施缺乏有效的监督和反馈机制，导致政策执行效果难以保障。在许多高校中，政策的落实往往流于形式，缺乏系统的跟踪和评估。一些政策措施在实际操作中未能达到预期目标，这不仅影响了政策的有效性，也使得学生难以从中真正受益。为了提升政策的引导效果，应该建立完善的监督机制和反馈渠道，确保政策能够真正落地实施。

政策制定和执行中的协调性不足也是一个亟待解决的问题。在政策的制定过程中，不同部门之间缺乏沟通与协作，导致政策目标不一致，实施起来相互掣肘。例如，教育部门与财政部门之间在经费支持和政策实施细则上的不协调，直接影响了政策的有效落地。此外，政策执行中的信息传递不畅也使得基层学校在贯彻落实国家政策时存在较多误解和偏差。因此，必须加强部门间的合作与信息共享，建立统一的政策执行平台，确保政策在各地、各校顺利实施。

二、引导主体的多样性不足

美好生活观的形成是大学生个体与社会环境不断互动的结果，需要多元主体的共同参与。然而，在当前的教育实践中，参与美好生活观引导的主体相对单一，主要集中在学校教师，特别是思想政治教育工作者，社会、家庭等其他主体的参与度不高，这导致了大学生美好生活观培育过程中视角的单一化和引导内容的片面性。

首先，家庭作为大学生成长的重要环境，其在美好生活观的引导中作用发挥不足。家庭教育往往局限于生活技能和学业指导，对于美好生活观的引导缺乏系统性。许多家长在引导过程中更加关注物质条件的提升，而忽视了精神层面的引导，导致部分学生形成了片面的价值观，将美好生活等同于物质的富足，而忽略了精神追求和社会责任感。

家庭教育的不足还表现在家长的教育观念滞后和教育方式的单一性上。许多家长对美好生活的理解停留在物质层面，缺乏对精神世界的关注，导致学生在追求美好生活的过程中更倾向于物质享受，而忽视了内在的精神满足和人格的完善。同时，家长在教育过程中更多采取命令和灌输的方式，缺乏与孩子的有效沟通和互动，无法激发学生对美好生活的主动思考和追求。

其次，社会组织和企业在美好生活观引导中的参与度不够。虽然部分企业和社会团体会举办一些公益活动和志愿服务，但其影响力和覆盖面较小，且多流于表面，没有形成长期、系统的培养机制。此外，校外社会资源的有效利用不足，缺乏通过校企合作、社区服务等方式增强大学生社会责任感和公共意识的有效平台和机制。

社会组织和社区在美好生活观引导中的作用也未得到充分发挥。社区作为大学生生活的重要组成部分，可以为大学生提供丰富的社会实践和互动机会，帮助他们在社会生活中体会美好生活的内涵。然而，目前社区与高校之间的联系较为松散，社区在学生美好生活观培育中的参与较少，未能为学生提供足够的社会支持和实践机会。

社会组织的参与不足还表现在公益活动和志愿服务的深度和广度上。许多社会组织的公益活动主要集中在节假日或特定时间节点，缺乏持续性和深入性，无法对大学生的美好生活观产生长期而深刻的影响。要实现社会组织在美好生活观引导中的有效作用，必须推动其与高校的深度合作，建立长期、稳定的合作机制，使公益活动成为大学生日常生活的一部分，从而不断引导和提升他们对美好生活的理解和追求。

三、评价体系的单一性

美好生活观引导的有效性离不开科学的评价体系。然而，当前大学生美好生活观培育的评价机制相对单一，过于依赖书面测试和理论学习的考核，缺乏对学生综合素质和实践能力的系统评估。这种评价体系的单一性不仅限制了学生对美好生活观的全面理解，还使得思想教育流于形式，无法真正内化于心，外化于行。

目前的评价方式往往只注重学生对思想政治理论的记忆和理解，忽略了对其实践能力、社会责任感及心理健康等方面的考察。而美好生活观的培育应该是理论与实践的结合，需要学生在实际生活中体验和感悟。例如，社会服务、志愿活动、团队合作等实践经历，都是衡量学生是否具备正确美好生活观的重要指标，但目前这些内容在评价体系中所占比重极小，甚至在部分高校中被忽略。

此外，评价的主体也相对单一，主要由学校教师承担，学生的自评与互评、社会和家庭的反馈等多元评价方式未得到有效运用。缺乏多主体的评价，不利于全面、客观地了解大学生在美好生活观方面的真实状况，从而无法有针对性地进行进一步的引导和改进。

评价体系的单一性还体现在对个性化和多样化发展的忽视。目前的评价标准往往是统一的、僵化的，未能充分考虑到每个学生的个体差异和不同的发展需求。每个学生对美好生活的理解和追求都有所不同，评价体系如果无法体现这种差异性，就难以激发学生对美好生活的主动探索和追求。因此，评价体系应更加多元化和灵活，鼓励学生从不同的角度理解和追求美好生活。

为了克服评价体系的单一性，应当引入多维度的评价指标，涵盖学生的社会实践、心理健康、团队协作等多个方面。例如，学校可以通过建立社会实践档案，记录学生参与社会服务、志愿活动等方面的表现，将这些内容纳入到美好生活观的评价体系中。同时，应该加强学生自评和互评，鼓励学生通过自我反思和同伴反馈来不断改进和提升自己。此外，家庭和社会也应积极参与到评价过程中，通过对学生在家庭生活和社会实践中的表现进行评价，帮助学生全面认识自己的优点和不足。

四、美好生活观教育内容的滞后性

大学生的美好生活观与社会的发展紧密相关，需要随时代的变化而不断调整和更新。然而，当前的美好生活观教育内容在很大程度上滞后于社会的发展，缺乏对新时代特征的充分理解和反映，难以引导大学生形成与时俱进的美好生活观。

首先，思想政治教育内容对习近平新时代中国特色社会主义思想的深入解读和与美好生活观的结合不够。新时代的大学生面对着数字经济、人工智能、绿色发展等新领域，这些内容应该融入美好生活观教育中，使学生认识到科技进步、生态文明等对美好生活的影响。然而，现有的教育内容多停留在传统的价值观和道德教育层面，未能充分结合当下社会的发展和大学生的实际需求。

其次，教育方式也较为单一，仍然以课堂讲授为主，缺乏互动性和体验感。这种单向度的教育方式难以激发学生的兴趣和参与热情，使得美好生活观的教育效果大打折扣。在新时代背景下，教育方式应更多地采用多媒体教学、案例分析、社会实践等手段，使学生在参与中思考，在体验中领悟美好生活的内涵。

教育内容的滞后性还体现在缺乏对大学生心理健康和情感教育的重视。美好生活不仅涉及物质和精神层面的满足，也与个体的心理健康和情感体验密切相关。然而，当前的教育内容中，对学生心理素质和情感体验的关注不够，未能帮助学生在心理和情感层面建立健康的生活观。例如，对挫折应对能力、人际关系处理等方面的教育不足，导致部分学生在面对压力和挑战时，缺乏积极的应对方式，影响了他们对美好生活的理解和追求。

此外，教育内容在全球化背景下的适应性也显得不足。随着全球化的发展，大学生的美好生活观受到多元文化的影响，传统的教育内容未能充分应对这一变化。学生在接触到多元文化和不同价值观时，容易产生困惑和迷茫，甚至对美好生活的追求产生偏差。因此，教育内容应当与时俱进，融入全球化的视野，引导学生在尊重多样性的同时，坚定中国特色社会主义的价值观，树立正确的美好生活观。

五、引导机制的不系统性

美好生活观的引导是一个长期的、系统的过程，需要各类资源和主体的协调配合。然而，目前的引导机制尚未形成系统化，缺乏长效机制和跨部门协同的有力支持，导致引导的持续性和系统性不足，难以真正影响到学生的日常生活和思维方式。

一方面，学校、家庭、社会之间的协同不足，未能形成合力。例如，学校进行美好生活观教育的同时，家庭和社会未能及时跟进，导致学生在不同环境中的认知和行为出现断层。学校教育和家庭、社会教育之间的衔接不够紧密，无法形成全方位的教育网络，这使得学生在面对社会上的各种价值观冲突时，容易迷失方向。

另一方面，缺乏对引导效果的长期跟踪和评估。美好生活观的培育并非一朝一夕之功，需要长期的观察和反馈机制。目前，相关的教育和引导多是阶段性的，缺乏对学生在毕业后，尤其是进入社会后的价值观变化和行为表现的持续关注和指导，这使得一些学生在面对社会现实的挑战时，容易背离原有的美好生活观，陷入功利主义和实用主义的泥潭。

引导机制的不系统性还体现在各类教育资源的整合不足。美好生活观的培育需要整合学校、社区、家庭、企业等多方面的资源，共同为学生提供全方位的支持和帮助。然而，目前这些资源之间的联系较为松散，未能形成有效的协作机制。例如，学校教育与社会实践脱节，家庭教育与学校教育缺乏互动，导致学生在不同环境中受到的引导无法形成合力，从而影响了美好生活观的有效培育。

此外，引导机制的不系统性还反映在高校内部不同部门之间的协调不足。思想政治教育部门与学工部门、团委等之间的协作不够紧密，导致各部门在实施美好生活观教育时存在各自为政的现象，难以形成合力。例如，学工部门在组织学生参加社会实践时，未能与思想政治教育内容紧密结合，导致实践活动的思想引导作用未能得到充分发挥。因此，高校应建立健全内部协调机制，确保各部门在美好生活观教育中协同合作，共同促进学生的全面发展。

六、社会文化环境的影响

社会文化环境对大学生的美好生活观也有重要的影响作用，但当前的文化氛围中存在一些不利于美好生活观培育的因素。一方面，快速发展的消费文化和娱乐文化占据了主流媒体的空间，使得大学生在日常生活中更容易受到物质主义和享乐主义的引导。在这种文化氛围中，物质财富的积累、外在的名利地位被过度追捧，导致部分大学生将美好生活等同于物质上的富裕和社会地位的提高，而忽视了精神追求、内心成长和社会责任。

另一方面，社会对成功的单一定义也影响了大学生对美好生活的理解。目前，社会对成功的评价往往集中在财富积累、职业成就等方面，这种单一的成功观使得大学生在追求美好生活的过程中更加注重外在的、可以量化的成就，而忽视了自我满足、家庭和谐、人际关系以及心理健康等内在的美好生活要素。这种不均衡的成功观念容易使学生在追求过程中感到迷茫和压力，甚至可能导致心理问题的产生。

同时，社交媒体的普及和网络文化的兴起也在一定程度上影响了大学生对美好生活的追求。在社交媒体上，成功人士的炫耀、奢华生活方式的展示，使得大学生在无形中受到影响，产生对物质生活的过度渴望和对自我价值的怀疑。社交媒体的虚拟性和表现性还容易导致学生在追求美好生活的过程中迷失自我，陷入与他人攀比的恶性循环中，忽视了个人内在的成长和幸福感的培养。

为应对社会文化环境对大学生美好生活观的负面影响，必须加强对主流文化的引导，传播健康、积极、向上的价值观。同时，学校应加强对学生媒介素养的教育，帮助学生提高对各类信息的辨别能力，树立正确的人生观和价值观。社会各界也应共同努力，营造有利于大学生身心健康和美好生活观形成的社会文化环境。

综上所述，新时代大学生美好生活观的培育在引导机制上存在诸多不足，包括政策支持体系的不完善、引导主体多样性不足、评价体系的单一性、教育内容的滞后性以及引导机制的不系统性和社会文化环境的影响。这些问题的存在使得美好生活观的培育效果受到影响，无法全面提升大学生的综合素养。因此，构建系统、科学、多元的美好生活观引导机制，推动学校、家庭、社会的多方协同，是新时代培育大学生美好生活观的关键所在。

　　要实现这一目标，需要完善政策支持体系，增强政策的系统性和可操作性，确保政策能够在各类高校中公平落实。同时，应加强家庭、社会组织和社区在美好生活观引导中的参与度，形成多主体共同发力的局面。此外，评价体系应更加多元化，涵盖理论学习、实践能力、心理健康等多个方面，以全面评估学生的综合素质和美好生活观的形成情况。教育内容也应与时俱进，结合新时代的特征和大学生的实际需求，注重心理健康和情感教育，帮助学生在物质和精神两个层面上追求美好生活。最后，应建立长效的引导机制，整合各类教育资源，推动学校、家庭、社会的协同合作，为大学生提供全方位的支持和帮助，使其能够在新时代背景下树立正确的美好生活观。

　　要建立起有效的引导机制，还需加强高校内部和外部的协作，确保各部门、各主体之间信息畅通、目标一致，共同为大学生的全面发展和美好生活观的培育提供支持。同时，应注重构建学生自我教育和自我管理的能力，鼓励学生在自我反思和实践中不断提升对美好生活的理解，形成积极健康的生活态度和价值观。通过多方面的共同努力，新时代大学生才能在多元化的社会环境中树立正确的美好生活观，实现个人与社会的和谐发展。

　　此外，学校和社会应共同努力，增强对大学生媒介素养的培养，引导他们正确使用社交媒体，防止受到不良文化的侵蚀。只有通过社会、学校、家庭的通力合作，构建起科学、系统、有效的美好生活观引导机制，新时代大学生才能真正实现个人价值与社会价值的统一，追求更高层次的美好生活。

第五章

中华优秀传统文化对大学生美好生活观培育的积极影响

中华优秀传统文化是中华民族的精神命脉和文化根基，蕴含着对美好生活的深刻理解与独特智慧。党的十八大以来，习近平总书记对中华优秀传统文化的传承与发展作出了全面系统深入研究，从文化自信、文化认同、传统文化现代化等多个方面的深沉精神追求的深度看待优秀传统文化，就弘扬和发展中华优秀传统文化提出了一系列重要论述。中华优秀传统文化通过对个体、家庭、社会及自然关系的探讨，构建了以仁义礼智信、天人合一、修身齐家等为核心的价值体系。这些思想不仅体现了古代中国对幸福生活的高度追求，也为当代社会提供了重要的价值指引。尤其是在新时代背景下，中华优秀传统文化的内涵与现代社会需求之间产生了深度契合，为新时代大学生美好生活观的培育提供了思想基础和实践路径。

当今社会思潮和价值观念多元多样多变，大学生作为民族复兴的生力军，其生活观的塑造不仅关系到个人成长，更直接影响着社会的进步与国家的未来。通过对中华优秀传统文化思想根源到实践价值展开系统分析，探讨其在新时代大学生美好生活观培育中的现实意义。通过挖掘传统文化中的价值理念，如文化自信、家国情怀、生态责任、心理健康等，构建新时代大学生幸福生活的全面框架，为他们在复杂多变的社会环境中找到前行的方向，提供文化的智慧和精神的滋养。

第一节　习近平关于中华优秀传统文化的重要论述

党的十八大以来，习近平总书记站在中华民族和中华文明永续传承的战略高度，就弘扬和发展中华优秀文化提出了一系列重要论述，为坚持和发展马克思主义文化理论做出重大原创性贡献，为建设社会主义文化强国寻找源头活水、指明前进方向。

习近平总书记高度重视中华优秀传统文化，认为其不仅是民族复兴的精神支柱，更是国家实现现代化的文化根基。在他的论述中，中华优秀传统文化被视为实现民族复兴的重要力量，同时也是增进国家软实力和文化自信的关键来源。习近平的这一文化观为新时代文化建设、社会治理提供了方向。

一、文化自信：中华优秀传统文化是民族复兴的精神支柱

文化自信是习近平新时代中国特色社会主义思想的重要组成部分，是中国特色社会主义道路、理论和制度自信的深厚支撑。2016 年 5 月 17 日，习近平在哲学社会科学工作座谈会上的讲话中提道："我们说要坚定中国特色社会主义道路自信、理论自信、制度自信，说到底是要坚定文化自信。"①文化自信根植于中华优秀传统文化的深厚积淀，是民族复兴的重要力量。中华优秀传统文化作为文化自信的关键因素，不仅涵养着社会主义核心价值观，更为实现中华民族伟大复兴的坚实精神支柱。

中华优秀传统文化是中华民族五千多年文明发展的智慧结晶，承载着中国人民的精神追求和行为准则。从"仁义礼智信"的伦理思想，到"修身齐家治国平天下"的政治智慧，再到"天人合一"的生态观念，传统文化以其深厚的思想体系和独特的价值体系，塑造了中华民族的精神风貌。无论是《论语》《大学》提出的道德修养，还是《周易》《道德经》强调的自然和谐，这些传统思想贯穿古今，成为中华文化生生不息的重要原因。

文化自信的核心在于对自身文化价值的深刻认同和充分信赖。2016 年 11 月习近平总书记在中国文联十大、中国作协九大开幕式讲话中指出："文化

---

① 　[1]《习近平著作选读》第一卷主要篇目介绍[N]．人民日报，2023-04-06(001)．

是一个国家、一个民族的灵魂。"①中华优秀传统文化不仅是中国历史长河中的精神积淀，更在现代化进程中展现出独特的生命力；不仅为个人修养提供了方向，也为国家发展提供了动力。文化自信的实现，正是建立在对这些优秀文化传统的继承与发展的基础上。

文化兴则国运兴，文化强则民族强。中华优秀传统文化是涵养社会主义核心价值观的重要源泉，也是推动中国特色社会主义事业发展的精神动力。2017年10月，习近平在党的十九大报告中提道："没有高度的文化自信，没有文化的繁荣兴盛，就没有中华民族伟大复兴。"②这一重要论述明确了文化自信在实现民族复兴中的地位。

新中国成立后，特别是改革开放以来，中国在经济快速发展的同时，文化建设也取得了巨大成就。当前，世界之变、时代之变、历史之变正以前所未有的方式展开，人类社会正站在十字路口，综合国力的竞争日趋激烈，文化的地位和作用更加突出，文化越来越成为民族凝聚力和创造力的重要源泉，中国始终坚持民族文化的独立性，并通过推动中华优秀传统文化走向世界，展现了独特的文化自信。

习近平总书记在哲学社会科学工作座谈会上的讲话中指出："求木之长者，必固其根本；欲流之远者，必浚其泉源。"③这深刻揭示了文化自信的基础性作用。中华优秀传统文化不仅是中华民族屹立于世界民族之林的重要精神支柱，也是实现中华民族伟大复兴的根本保障。党的十八大以来，中国在坚定文化自信的基础上，进一步推动文化强国建设。通过加强公共文化服务体系建设、加大对非物质文化遗产的保护力度，以及推广中华传统文化的国际交流，中国逐步构建起新时代中国特色社会主义文化体系，为民族复兴提供了坚实的文化基础。

文化自信是民族复兴的内在动力，而中华优秀传统文化则是文化自信的核心根基。在新时代，坚定文化自信不仅是对民族文化的传承与创新，也是对全球文化多样性的贡献。习近平总书记强调："站在五千年优秀文化的坚实基础上，中华民族伟大复兴的中国梦一定能够实现。"未来，中国将在继承优秀传统

① 陈庚.建设社会主义文化强国与深化文化体制机制改革[J].人民论坛,2024(15):33-37.
② 张晓红,范映渊.中国共产党文化自信百年实践的理解维度[J].青海社会科学,2022(2):10-16.
③ 康晓强.习近平关于科学社会主义重要论述的原创性贡献[J].马克思主义研究,2021(1):25-35.

文化的基础上，继续推动文化繁荣与创新，使中华文明焕发出更为璀璨的光芒。

二、传统文化现代化：创造性转化和创新性发展

五千多年来，中华民族能够历经磨难而生生不息、屡经世变而固本开新，离不开中华优秀传统文化的有力支撑。中华文化以其深厚的哲学思想、伦理道德体系和丰富的艺术表达，成为中华民族精神的重要依托。2023 年 10 月，习近平总书记在全国宣传思想文化工作会议上明确提出"七个着力"要求，其中之一便是"着力赓续中华文脉、推动中华优秀传统文化创造性转化和创新性发展"。[①] 这一要求为传统文化的现代化实践提供了根本遵循，同时也指明了建设社会主义文化强国的方向。

"创造性转化、创新性发展"是习近平总书记关于传统文化现代化的重要论述。中华优秀传统文化以五千年的历史积淀为基础，既为当代中国发展提供了思想文化支撑，同时也面临时代更新的迫切需要。在历史长河中，传统文化在不同阶段形成了大量与当时社会条件相适应的内容，但也不可避免地受到时代局限和社会条件的制约，部分内容随着历史发展逐渐显得陈旧甚至过时。这就要求我们对传统文化进行甄别与扬弃，坚持"古为今用、推陈出新"，以时代精神激活其生命力，使之融入现代社会，服务于人民的实际需求。习近平总书记在纪念孔子诞辰 2565 周年国际学术研讨会暨国际儒学联合会第五届会员大会开幕会上的讲话中强调："中华优秀传统文化要与现实文化相融相通，共同服务以文化人的时代任务。"[②]这一论述表明，在推动中华传统文化现代化的过程中，必须以社会主义核心价值观为引领，将传统文化的精神精髓与当代中国社会的发展需求有机结合。传统伦理观中的"仁义礼智信"可以转化为现代社会中对诚信、公平和法治等核心价值的倡导，而"修齐治平"这一政治理念则在新时代下被拓展为中国特色社会主义的国家治理体系的丰富内涵。这些转化不仅保留了中华文化的核心价值，也赋予了其新的时代意义。

---

① 张毅，黄玉轩，李张艳. 中华优秀传统文化创造性转化和创新性发展研究述评[J]. 湖南大学学报（社会科学版），2024，34（1）：1-15.

② 杜雅杰. 马克思主义基本原理同中华优秀传统文化结合：内在可能性与现实必要性分析[J]. 哲学进展，2023，12（3）：596-600.

推进中华优秀传统文化的创造性转化和创新性发展，是实现文化自信和文化强国的重要路径。文化建设是国家软实力的重要组成部分，要让中华民族的文化在新时代焕发出更强大的生命力，就必须结合现实条件，通过创造性转化和创新性发展，使传统文化不断焕发新的生机。以时代精神激活中华优秀传统文化的生命力，不仅需要从学术层面对其进行深度挖掘和理论创新，更需要通过社会实践让传统文化融入现代生活，近年来的"非遗保护"与"非遗活化"实践便是传统文化现代化的生动体现。从传统技艺的保护传承到文创产品的设计开发，非遗的创新应用不仅满足了人们对文化消费的需求，也使传统文化在新的社会环境中获得了长久发展。

实现"两个结合"的理论与实践。习近平总书记提出："坚持把马克思主义基本原理同中国具体实际相结合、同中华优秀传统文化相结合。"①"两个结合"的重要论断，是对中华优秀传统文化现代价值的深刻认识，揭示了文化自信和文化创新之间的内在逻辑。在坚持马克思主义指导地位的前提下，我们要深入挖掘中华优秀传统文化资源，寻找文化自信的源头活水同样是对传统文化的创造性转化和创新性发展。"以人民为中心的发展思想"与传统文化中的民本理念一脉相承，为社会主义事业注入了文化内涵；"天人合一"的哲学思想则为新时代的生态文明建设提供了理论依据。这些结合不仅拓宽了马克思主义中国化的实践路径，同时也推进中华优秀传统文化的现代化发展。通过这一过程，中华文化得以在新时代焕发出更加蓬勃的生命力。

中华优秀传统文化是中华民族独特的精神标识，推进其创造性转化和创新性发展是新时代文化建设的重要任务。正如习近平总书记所言："中华优秀传统文化是我们在世界文化激荡中站稳脚跟的根本。"在未来的发展中，中国将继续以传统文化为根基，积极探索传统与现代结合的路径，让中华文化在时代的洪流中焕发出更加璀璨的光辉。通过赓续中华文脉，中国不仅能够实现文化强国的目标，也将为人类文明的多样性发展做出独特贡献。

三、文化认同：中华优秀传统文化是提升民族凝聚力的精神纽带

文化是一个国家、一个民族的根与魂，文化认同是民族团结之根、民族和

---

① 刘根旺，吴云志. 马克思主义基本原理同中华优秀传统文化相结合的出场逻辑、内在关系和实践进路[J]. 学术探索，2024(01)：95-102.

睦之魂。2022年5月27日,习近平总书记在中共中央政治局第三十九次集体学习时指出:"中华文明源远流长、博大精深,是中华民族独特的精神标识,是当代中国文化的根基,是维系全世界华人的精神纽带。"①五千多年文明发展中孕育的中华优秀传统文化,构成了中华各民族认同中华文化的精神纽带,为中华民族大团结和伟大复兴提供了丰厚滋养。

中华优秀传统文化是民族凝聚力的重要精神纽带,其核心在于统一的价值观念和道德规范。习近平总书记强调:"中华优秀传统文化是涵养社会主义核心价值观的重要源泉。"传统文化中的"仁义礼智信""和为贵"等理念,构成了中华民族共同的精神基础,为各族人民提供了增进团结的思想资源。例如,儒家的"和而不同"主张强调在差异中追求和谐,成为多民族文化交流与合作的准则;《尚书》中"敬德保民"的思想则体现了对百姓福祉和社会和谐的高度关注。这些文化基因在历史长河中塑造了中华民族的统一性,也为新时代构筑民族认同奠定了思想基础。

在全球化日益深入的背景下,文化认同既面临挑战,也迎来机遇。西方文化的强势传播、消费主义的冲击,以及部分人对本民族文化认同的弱化,都对中华优秀传统文化的传承构成威胁。习近平总书记在《求是》杂志发表的文章《加强文化遗产保护传承 弘扬中华优秀传统文化》中强调:"中华文化积淀着中华民族最深沉的精神追求,是中华民族生生不息、发展壮大的丰厚滋养。"②增强文化认同,需要通过弘扬中华优秀传统文化的普适价值,抵御外来文化对民族团结的冲击。与此同时,全球化也为中华优秀传统文化的传播提供了重要机遇。通过孔子学院的设立、传统艺术的国际传播,以及现代数字技术对文化资源的展示,中华文化的全球影响力日益提升。习近平总书记指出:"中华文明在交流互鉴中更加丰富多彩。"这一过程中,中华文化不仅增强了海内外中华儿女的自豪感,也在全球范围内树立了中华民族的良好形象,进一步巩固了民族凝聚力。

中华优秀传统文化在增强民族凝聚力方面的作用,具体体现在价值观的传递、共同体意识的塑造以及文化独立性的维护。保护和推广非物质文化遗产,

---

① 刘根旺,吴云志. 马克思主义基本原理同中华优秀传统文化相结合的出场逻辑、内在关系和实践进路[J]. 学术探讨,2024(01):95-102.

② 王泽应. 中华文明的精神标识综论[J]. 长沙理工大学学报(社会科学版),2023,37(3):5-12.

各族人民在共同参与中构建起对中华文化的深刻认同；通过传播传统节日习俗与文化经典，中华民族的共同文化记忆得以巩固。在边疆地区，中华优秀传统文化更是促进民族团结的重要工具。习近平总书记在中央民族工作会议上的重要讲话中指出："加强中华民族大团结，长远和根本的是增强文化认同，建设各民族共有精神家园，积极培养中华民族共同体意识。"①在新疆、西藏等少数民族地区，通过开展丰富多样的文化交流活动和推广传统文化教育课程，各族人民积极参与中华文化的学习与实践，进一步加深了对中华文化的认同，形成了牢固的精神纽带。这些实践充分证明，中华优秀传统文化在促进民族和谐与增进民族团结方面发挥着重要作用。文化认同不仅是中华民族团结的根基，也是增强民族共同体意识的重要途径。当前，我国正通过多种举措推动中华优秀传统文化的传承与发展，例如加强文化遗产保护、完善文化教育体系以及深化文化对外交流。这些行动不仅有效提升了全社会对中华文化的认同感，也为实现中华民族的全面团结提供了坚实的文化支撑。

四、社会治理：中华优秀传统文化提供现代治国理政的智慧

中华优秀传统文化作为中华民族漫长历史实践中的智慧结晶，对当代社会治理具有重要的启示作用。习近平总书记在 2023 年 6 月 2 日的文化传承发展座谈会上指出："中华文明源远流长、博大精深，是中华民族的独特精神标识，也是当代中国发展的突出优势。"他同时强调："要深入挖掘中华优秀传统文化中蕴含的治国理政智慧。"②这些重要论述深刻阐明了中华优秀传统文化在现代社会治理中的独特价值和现实意义。从"和合理念"到"以民为本"思想，再到"德治与法治相结合"的治理智慧，这些传统理念经过时代的创造性转化，成为现代社会治理体系的重要思想资源，在当代实践中焕发出持久的生命力。

中华传统文化中的"和合理念"是社会治理的重要思想资源，强调多样性中的统一、差异性中的共存，为化解社会矛盾与冲突提供了重要启发。习近平总书记在谈及社会治理现代化时指出："要坚持共建共治共享，推动形成人人有责、人人尽责、人人享有的社会治理共同体。"这一现代治理理念与"和而不同"

---

① 郝亚明，张瑞. 铸牢中华民族共同体意识：研究现状与深化拓展[J]. 中南民族大学学报（人文社会科学版），2020，40(4)：1-8.

② 本刊编辑部. 增强历史自觉坚定文化自信[J]. 中共石家庄市委党校学报，2022，24(6)：1.

的传统文化内涵高度契合,为在利益多元化和价值观多样化的社会环境中实现和谐共生提供了理论支持和实践路径。"和合"思想贯穿于中华哲学体系之中,例如道家的"万物并育而不相害",儒家的"君子和而不同"等观念,强调以包容与共存为原则处理社会关系。习近平总书记指出:"治理好我们这个拥有 14 亿多人口的大国,必须抓住和发挥方方面面的积极因素,不断增强社会发展活力。"这一思想与"和合理念"在处理利益冲突、促进社会整合中的智慧高度契合。例如,在城乡社区治理中,通过建立多元协商平台,调动居民、社会组织和政府共同参与治理,体现了"和合"的实践价值。

《尚书》中提出"民惟邦本,本固邦宁",明确了人民作为治国理政根基的重要地位。习近平总书记强调:"治国有常,而利民为本。"他多次指出,人民是治国理政的最大底气,应始终把增进人民福祉作为一切工作的出发点和落脚点。这一思想在现代社会治理中得到了创造性的延续与实践。在基层治理中,"以民为本"体现在民主参与机制的不断推广。比如,在社区治理中,通过设立居民议事会和推行村民自治等方式,人民群众在治理中发挥着更加重要的作用。习近平总书记还指出:"要充分调动人民群众的积极性、主动性、创造性,形成强大的合力。"这一要求赋予传统的"以民为本"思想新的实践活力,使其在现代社会治理中焕发出更深远的影响。

德治与法治相结合,不仅是中国古代治国理念的延续,也是新时代社会治理的重要实践。在现代社会中,法治为社会秩序提供了基本保障,但法律无法涵盖社会生活的方方面面,道德的柔性作用弥补了这一不足。例如,在环境治理中,法律通过惩罚机制规范行为,而道德则通过宣传生态责任感引导公众自觉参与环保行动,形成"法治刚性与德治柔性"的互补效果。

习近平总书记强调:"中华优秀传统文化中蕴含着解决当代人类面临的共同问题的重要启示。"①在构建人类命运共同体的过程中,中华文化的"和合"理念、"以人为本"思想以及"德法并举"的实践经验,不仅对国内社会治理具有借鉴意义,也为全球治理提供了重要的思想资源。例如,"一带一路"倡议中倡导的互联互通与民心相通,正是"和合"思想的全球化应用,展现了中华优秀传统文化在应对国际治理难题中的独特价值。

---

① 郝时远. 文化自信、文化认同与铸牢中华民族共同体意识[J]. 中南民族大学学报(人文社会和科学版),2020,40(06):1-10.

五、观念传承：中华优秀传统文化与社会主义核心价值观的融合

中华优秀传统文化是中华民族的精神根脉，而社会主义核心价值观则是当代中国价值体系的核心指引。2014年2月24日，习近平总书记在中共中央政治局第十三次集体学习时讲话指出："培育和弘扬社会主义核心价值观必须立足中华优秀传统文化，注重从中汲取思想养分。"①二者在内容上具有内在一致性，在目标上具有高度契合性。通过实现中华优秀传统文化与社会主义核心价值观的融合，可以为增强文化认同、提升社会凝聚力和推动中国特色社会主义建设提供坚实的价值支撑和精神动力。

中华优秀传统文化为社会主义核心价值观提供了深厚的思想基础。传统文化中的"仁义礼智信""家国一体"等观念，与社会主义核心价值观中强调的"自由、平等、公正、法治"等内容相辅相成。例如，传统文化的"天下为公"理念蕴含了公平正义的追求，而"修身齐家治国平天下"则与核心价值观中个人、家庭与国家层面的价值追求高度契合。习近平总书记指出："社会主义核心价值观是对中华优秀传统文化的继承和发展，是从中华文化沃土中生长出来的。"这种历史的延续性和文化的一致性为核心价值观的广泛传播奠定了坚实的认同基础。

在新时代背景下，传统文化需要与现代社会发展需求相适应，以更好地服务于国家和社会治理。社会主义核心价值观倡导的"自由、平等、公正、法治"等价值观念，体现了人民对于社会公平正义的追求。社会主义核心价值观要求社会制度和公共政策要以人民的利益为出发点和归宿，保障人民的权益和尊严，以人民的满意度和幸福感为追求，强调公平正义与共同富裕，这与传统文化中的"以民为本"和"和为贵"理念不谋而合。在现代社会生活中，传统文化的"诚实守信"通过核心价值观的弘扬被广泛运用在市场经济、法治建设和社会交往中，从而实现了传统伦理在当代的实践化和制度化。

中华优秀传统文化与社会主义核心价值观的融合有助于增强文化认同和价值共识。在全球化和多元文化碰撞的背景下，文化认同是国家软实力和社会团结的重要支撑。通过将传统文化中的精华与核心价值观有机结合，不仅能够增强中华民族的文化自信，还可以凝聚全社会的价值共识。习近平总书记强调，

---

① 孟耕合.马克思主义辩证法：文化自觉研究中被遮蔽的方法[J].学术交流，2014（11）：11-16.

要推动中华优秀传统文化创造性转化和创新性发展，使之成为社会主义核心价值观的重要载体。近年来，传统文化通过融入教育体系、公共文化建设以及现代传播平台，逐渐成为核心价值观宣传的生动载体，为构建和谐社会发挥了重要作用。

中华优秀传统文化与社会主义核心价值观的融合体现了文化的延续性与时代性的统一。在这一过程中，传统文化为核心价值观提供了思想资源和文化滋养，核心价值观则为传统文化赋予了时代活力与实践路径。二者相辅相成，不仅增强了社会主义核心价值观的感染力和影响力，也使中华优秀传统文化在新时代焕发出新的生机。这一融合既是对中华优秀传统文化传承与发展的深刻诠释，也是推动中国特色社会主义事业行稳致远的重要保障。

第二节　中华优秀传统文化中关于美好生活观的阐述

中华优秀传统文化以深邃的哲学思维和丰富的伦理内涵，为美好生活的追求奠定了深厚的思想根基。这一文化传统认为，幸福生活的实现离不开对核心价值观念的践行：既要以人民幸福为中心，将人民福祉作为社会治理的根本目标，也要尊重自然规律，追求人与自然的和谐共生。此外，家庭和社会的良性互动被视为构建幸福生活的重要支柱，"修身齐家治国平天下"的思想深刻揭示了个体、家庭与国家之间的内在联系。

更重要的是，中华文化以精神世界的丰富性赋予幸福生活更高的内涵。传统文化中的哲学思想强调，幸福不应止步于物质的满足，而应追求内心的宁静与人格的完善。无论是道家所倡导的"少则得，多则惑"，还是儒家主张的"君子不忧不惧"，都将精神富足视为幸福的核心。此外，勤俭节约作为中华文化的传统美德，既是一种对资源的合理利用，更是一种追求朴素生活、实现幸福智慧的方式。这些思想构成了中华文化对美好生活多层次的理解，既为传统社会提供了价值指导，也为新时代幸福追求提供了深刻启发。

一、以民为本：将人民幸福作为美好生活的核心

"以民为本"作为中华优秀传统文化的核心理念，贯穿于中国历史的治国思想和实践之中，为中国接续统一发展提供指导，并传承至今。这一思想主张以

人民的安居乐业为根本，认为只有在人民生活富足、幸福安康的基础上，国家才能实现长治久安。"民为邦本"一词最早见于《尚书》，原写作"民惟邦本，本固邦宁"，是夏朝开国帝王大禹对后世子孙的教诲，意思是说，人民是国家的根本，只有百姓安居乐业，根本稳固了，国家才能够安宁。这一思想，可以说是夏朝开国的宪章，大禹以祖训的形式，向后世子孙揭示了治国理政的基本规律，告诫后世子孙"得众则得国，失众则失国"。

"民惟邦本，本固邦宁"是中国源远流长的政治思想，其本质就在于"大道之行，天下为公"。中国文化认为，天地万物的本源是一个道，大道广行于天下，国家不是某个人、某部分利益集团的私物，国家是人民之国家，国家的兴衰成败都是由人民决定的。因此，人民是国家的根本，也是国家命运的真正主宰。"天下为公"是人间正道，"民惟邦本"是正道在治国领域的彰显，治国理政要依正道而行。自公元前 221 年秦朝开始，中国便建立起统一的多民族国家，在 2000 多年的兴衰演替中，中国能以广阔的版图、众多的人口、多元的文化屹立于东方，中华文明能作为世界上唯一一个未曾中断的文明长存于世，一个重要的原因在于，中国人面对复杂问题的出发点和落脚点一直是"道"，"道"是与"器"相对的，形而上者谓之道，形而下者谓之器。这一经典表述明确了民本思想的重要性，将人民视为国家治理的基础，只有基础稳固，国家才能安定。这种以人民幸福为中心的价值取向，既体现了古代政治理念的先进性，也为当代社会提供了深刻启示。

此外，在中华优秀传统文化中，民本思想不仅是政治哲学的核心，也是社会伦理的重要内容。在儒家经典《礼记·大学》开篇中提出"大学之道，在明明德，在亲民，在止于至善"，其意思为：大学的道理，在于彰显人人本有，自身所具的光明德性，再推己及人，使人人都能去除污染而自新，而且精益求精，做到最完善的地步并且保持不变。[①] 强调个人修养、社会教化和道德追求的重要性，它倡导人们首先修养自己的德性，然后推己及人，影响和提升他人的道德水平，最终共同追求达到至善的道德境界，这不仅为个人提供了修身养德的路径，也为构建和谐社会提供了伦理指导。《孟子·尽心下》进一步提出"民为贵，社稷次之，君为轻"的思想，明确了人民的首要地位，其次是国家（社稷），而君主的地位则最为轻微。在社会伦理关系中，这一观点鲜明地体现了以民为

---

① 李世忠，王毅强，杨德齐.《大学中庸》新论[M]. 北京：北京工业大学出版社，2012.

本的价值取向,强调国家治理和君主权力应以维护人民福祉为根本目标。孟子主张,统治者应以仁爱和民心为重,推行仁政,切实保障人民的基本权益,以实现社会的和谐与稳定,突出人民在国家治理中的核心地位。这种思想不仅对后世的政治理论和伦理道德产生了深远影响,也深刻塑造了中华文化中以人民为中心的价值观念。

在党的领导下,"以民为本"的思想在我国得到了创新性的传承与发展。习近平总书记指出:"治国有常,而利民为本。"他还多次强调,"江山就是人民,人民就是江山",明确将人民幸福作为中国特色社会主义事业的起点和归宿。在新时代,这一民本思想具体体现在以人民为中心的发展理念上,把满足人民对美好生活的向往确立为奋斗目标,全面推动经济、社会、文化等领域的协调发展,为构建和谐社会提供了理论支撑和实践方向。"以民为本"在现代社会的实践中,进一步转化为经济、政治、文化、社会等多方面的综合推进。习近平总书记还指出:"人民对美好生活的向往,就是我们的奋斗目标。"①这一重要论述深刻揭示了人民幸福在国家治理中的核心地位,并赋予其更为丰富的多维内涵。

二、人与自然和谐共生:追求生态幸福生活

中华优秀传统文化在探讨美好生活时,始终将人与自然的和谐共生作为重要前提。这一理念不仅体现了对自然规律的深刻尊重,也展示了人类与环境之间密切的互动关系,是中华文化在生态伦理方面的核心思想。传统文化中的"天人合一"思想是这一理念的核心,北宋张载在《正蒙·乾称》中指出:"儒者则因明致诚,因诚致明,故天人合一。"②这一思想强调自然界的客观规律与人类行为必须融入宇宙的整体秩序。这种追求平衡的生态观念不仅影响了古代社会的经济生产与社会实践,也为现代生态文明的建设提供了宝贵的思想资源。

《道德经》中的"人法地,地法天,天法道,道法自然"进一步阐述了自然秩序的至高性,强调人类应当遵循天地之道,依自然规律而行。这一论述并非将人类与自然割裂,而是强调人类作为自然整体的一部分,与自然相互依存,构成一个有机的整体。这种整体性思维与西方文化中二元对立的"人类中心主

---

① 罗银春.新时代大学生美好生活观教育研究[D].乌鲁木齐:新疆师范大学,2023.
② 汪光文.中西思维方式的差异与对雷斯蒂沃困惑的反省[J].沈阳大学学报,2008,20(6):92-95.

义"形成鲜明对比，展现出中华文化对自然界更为包容、和谐的态度。

在生态伦理层面，"天人合一"体现了对自然的尊重与敬畏。中国古代思想家将人与自然的关系视为一种双向互动的关系，即"天人感应"。《尚书》中提到："敬天保民。"这一思想不仅要求人类敬畏自然，强调通过合理利用自然资源来实现人与自然的平衡。这种生态伦理观为古代社会中的可持续发展奠定了思想基础，体现在农耕文化中的土地轮作、水资源管理等实践中，既维护了生态系统的稳定，也为人类生活的延续提供了保障。

在当代，传统文化中"天人合一"的思想内核被赋予了新的现实意义。在工业化和城市化迅猛发展的背景下，生态环境问题日益成为威胁人类幸福的重要挑战。习近平总书记指出："绿水青山就是金山银山。"这一重要论述正是"天人合一"在新时代的延续与发展。通过倡导人与自然和谐共生，中国在构建生态文明方面进行了诸多实践，如生态保护红线制度、绿色发展战略等，这些理念和实践均与"天人合一"的思想精神一脉相承。

此外，《论语》中提到"节用而爱人，使民以时"，进一步强调了节制欲望、适度消费的理念，体现了古代对资源可持续利用的深刻认识。这种思想在传统农业社会中表现尤为突出，如节水灌溉、土地轮作等生态智慧，既提高了农业效率，也保护了自然资源。在中华文化中，"知止而后有定"的理念贯穿于人与自然的关系之中，成为维护生态平衡的重要思想资源。传统文化倡导适度消费、珍惜资源的思想，为现代可持续发展目标提供了理论依据。例如，现代社会中提倡的低碳生活、绿色消费，正是传统文化"节用爱物"理念的当代表达，节制欲望的理念为应对消费主义和资源过度消耗提供了解决路径。

中国的生态文明建设充分汲取了中华优秀传统文化的思想精髓。习近平总书记在北京出席 2022 年世界经济论坛视频会议并发表题为《坚定信心 勇毅前行 共创后疫情时代美好世界》的演讲时说："我经常说，发展经济不能对资源和生态环境竭泽而渔，生态环境保护也不是舍弃经济发展而缘木求鱼。中国坚持绿水青山就是金山银山的理念，推动山水林田湖草沙一体化保护和系统治理，全力以赴推进生态文明建设。"[①]强调发展与保护并重，通过制度创新，为生态幸福生活提供了坚实保障。在《生态文明体制改革总体方案》中明确了生

---

① 李萍，侯子峰，胡志刚."绿水青山就是金山银山"理念的文献研究——基于中国知网数据的计量分析[J].浙江社会科学，2020(6)：143-151，160.

态红线制度、资源有偿使用制度等一系列政策措施。这些制度以尊重自然、顺应自然、保护自然为基本原则，为人与自然的和谐共生提供了法律支持。

人与自然和谐共生的理念贯穿于中华优秀传统文化的多个维度，它不仅是古代哲学的重要组成部分，也是现代生态文明建设的思想源泉。通过进一步传承和发扬传统文化的生态观念，推动绿色发展与人类幸福的有机统一，中华优秀传统文化在全球可持续发展中必将发挥更加重要的作用。

三、家庭和睦与社会和谐：修身齐家、家风家教的幸福观

《礼记·大学》提出的"修身齐家治国平天下"思想，深刻阐述了个体、家庭与国家之间的有机联系。古代思想家通过这一理念强调，家庭在社会治理中的基础性作用，认为家庭的和谐不仅关系到个体的幸福，也是国家安定与社会和谐的前提条件。这一思想揭示了从家庭到国家的层层递进关系，突显了家庭在道德教化和社会秩序构建中的核心地位。

在中华优秀传统文化中，家庭被视为道德修养与伦理教育的起点，是社会的缩影和稳定的基石。《孝经·开宗明义章》指出："夫孝，德之本也，教之所由生也。"孝道文化作为传统家庭伦理的核心，体现了对亲情的尊重和对家庭责任的重视。同时，仁爱精神贯穿于家庭关系的各个方面，如兄弟和睦、夫妻恩爱、长幼有序等。通过家庭内部的伦理实践，个体的道德修养得以提升，社会的基本秩序也得以维持和巩固。

朱熹的《朱子家训》中提出：治家以勤俭为要，处世以和顺为贵。这一经典家训以家庭生活为切入点，强调家庭成员之间的互助与和谐，不仅为家庭的长久和睦提供了指导，也为社会风气的良性发展奠定了基础。传统文化认为，家风、家教的延续是社会秩序的重要保障。通过代际传承，优秀的道德观念和行为规范得以融入社会生活，成为维持社会和谐的重要力量。

在现代社会，传统文化中关于幸福观的思想依然具有现实意义。家庭幸福的内涵发生了新的拓展和延伸，被重新定义为人与人之间的情感连接与责任承担。传统文化中对家庭关系的要求不再局限于等级秩序，而更加强调情感交流与个体平等。例如，"百善孝为先"的观念在新时代被赋予了新的解读，不仅注重对长辈的尊敬与赡养，也包括对子女成长的关注和对配偶支持的平等责任。

现代家庭伦理观念中，仁爱精神与责任意识继续发挥重要作用。无论是夫妻之间的互敬互爱，还是代际之间的相互支持，都体现了家庭作为社会基本单

位的稳定功能。在推动社会和谐的过程中，家庭承担着不可替代的桥梁作用。良好的家庭氛围不仅能够促进个体的心理健康和人格完善，还为社会的整体稳定提供了重要支撑。正如习近平总书记指出："家庭和睦则社会安定，家庭幸福则社会祥和。"①这种强调家庭幸福与社会和谐互动关系的观点，为新时代家庭建设指明了方向。

新时代背景下，家庭与社会的关系更加紧密，家风建设不仅是家庭内部的私事，也是社会治理的重要内容，家庭也成为社会价值观传递和文化认同塑造的重要场所。习近平总书记在2015年春节团拜会上的讲话中指出："要注重家庭、注重家教、注重家风。"这一论述充分体现了家庭建设在国家治理和社会发展中的重要作用。

家庭和睦是社会和谐的最小单位。家庭中形成的价值观念和行为模式通过个体的传播影响社会，直接关系到社会的稳定与发展。作为社会的基础单位，家庭在构建和谐关系方面起着至关重要的作用。通过促进家庭内部的和谐，可以增强社会的韧性与包容性，为国家的长治久安提供坚实的保障。现代家庭作为个体幸福的源泉，其核心不仅在于满足物质需求，更在于提供情感支持和道德教化。家庭幸福与社会和谐的内在统一，构成了新时代中国特色社会主义建设的重要内容。通过弘扬中华优秀传统文化，家庭这一传统价值场域在现代社会焕发出新的生命力，为全面建设社会主义现代化国家注入了深厚的人文动力。

四、精神富足：追求内心宁静与幸福的生活观

中华优秀传统文化注重精神世界的建设，将精神富足视为幸福生活的重要组成部分。这一观念超越了对物质财富的简单追求，强调通过内在修养与心灵成长实现真正的幸福。传统思想家们围绕"精神富足"这一主题提出了丰富的哲学思想，为人类追求美好生活提供了深刻启示。

《庄子》提出的"逍遥游"是中华优秀传统文化中关于精神自由的经典表达。庄子主张，人类应摆脱对外界事物的依赖与束缚，追求内心的自由与豁达。他提出的"至人无己，神人无功，圣人无名"中阐述了超越个人利益与世俗荣辱的

---

① 杨治钊.正家而天下定——学习体会习近平总书记在会见全国第一届文明家庭代表时的讲话精神[J].学习月刊，2017(2)：11-12.

精神境界。这种对自由与宁静的追求，不仅是一种哲学态度，也是一条实现幸福生活的路径。庄子的思想启示人们，真正的幸福源于内心的充实，而非对外界物质的占有。

《论语》则从伦理与修身的角度诠释了精神富足的内涵。孔子提出"君子不忧不惧"的观念，认为高尚人格和内在道德修养是幸福的根本。他强调，精神上的平和与安定可以帮助个体在纷繁复杂的环境中保持从容。这种幸福观既包含个体对道德理想的执着追求，也体现了通过修养内在品德而获得的自足与宁静。孔子的理性态度展现了中华文化对精神世界的深刻理解，为人类追求幸福提供了思想启示。

中华优秀传统文化对幸福生活的理解建立在物质与精神之间的动态平衡之上。虽然物质生活是幸福的基础，但精神富足是幸福的核心。《中庸》中提出"致中和，天地位焉，万物育焉"，强调个体内心的平衡是世界和谐的基础。中庸思想通过探讨人与自然、人与社会之间的关系，揭示了内心安宁对幸福生活的重要性。与此同时，《荀子》提出"礼义以养人，非财用也"，认为内在修养比外在财富更为重要。这一思想告诫人们，过度追求物质容易引发贪欲和不安，只有通过节制与理性的态度，才能实现真正的幸福。中国传统文化并不排斥物质生活的改善，但始终强调精神的自主性和超越性，为幸福生活提供了更高层次的指导原则。精神富足不仅关乎个人幸福，也承载着深厚的伦理价值。《礼记》中的"修身而家齐，家齐而后国治，国治而后天下平"阐明了个体精神修养是实现家庭和睦与社会和谐的基础。中华文化认为，精神富足能够培养高尚的道德品质，并通过家庭与社会关系的延续，促进整体的和谐与幸福。

在孝道文化中，精神富足体现为对亲情的珍视与伦理责任的担当。《孝经》指出："夫孝，德之本也。"孝道不仅是伦理实践，更是一种精神修为。通过孝亲敬祖，个体深化了与家庭的情感联系，并在精神上实现自我完善。这种幸福观超越了个人层面，成为社会稳定与文化传承的重要力量。

中华优秀传统文化中关于精神富足的思想，往往通过具体的哲学实践得以体现。《道德经》中提出"少则得，多则惑"，主张减少欲望以获得内心的宁静。这一思想贯穿于传统文化的诸多层面，鼓励人们追求简单质朴的生活方式，以此达到精神的自足。

儒家则通过"修身"的实践路径，帮助个体在日常生活中实现精神幸福。《大学》中提道："欲修其身者，先正其心；欲正其心者，先诚其意。"这一思想强调了个体通过内省与道德修养达至内心安宁的重要性。通过修身，个体不仅能够完善自身道德，还能获得心理的平衡与满足，为幸福生活提供稳定的精神支撑。

中华优秀传统文化中的精神富足观念，不仅为个体提供了幸福生活的哲学指导，也通过代际传承丰富了民族文化的内涵。例如，《朱子家训》强调"读书志在圣贤"，通过学习经典激发人们的内在修养与精神追求。这种教育方式不仅塑造了个体的精神品质，也通过文化传承延续了民族的精神血脉。

精神富足是中华优秀传统文化关于美好生活观的重要组成部分，其核心在于通过内在修养与精神自由实现内心的安宁与满足。无论是庄子的超脱、孔子的理性，还是中庸思想的平衡观，都为人类幸福生活提供了深刻的哲学智慧。通过传承与发展这一理念，中华文化不仅为个体幸福提供了指导，也为社会和谐与文化传承注入了深厚的精神力量。

五、勤俭节约：简朴生活中的幸福智慧

中华优秀传统文化历来提倡勤俭节约，将其视为立身之本和社会和谐的重要基础。这种观念贯穿于中国传统思想体系之中，不仅体现为对个人道德修养的要求，也被视为社会经济稳定与国家长治久安的重要保障。《尚书》中提道："克勤于邦，克俭于家。"这一经典论述将勤勉与节俭紧密联系起来，认为只有在国家与家庭层面推行节俭，才能实现社会的稳固与发展。《论语》则进一步强调："奢则不逊，俭则固。"孔子将奢靡视为道德败坏的开端，认为节俭不仅能培养个人的坚韧品质，也有助于家庭和国家的兴旺。

勤俭节约作为中华优秀传统文化的重要组成部分，其内涵超越了经济层面的物质节约，更是一种深刻的道德修养。《大学》中提道："知止而后有定，定而后能静，静而后能安。"这种以节俭为核心的生活智慧，强调人们应抑制对外在欲望的无节制追求，通过内心的克制实现生活的稳定与和谐。

这种道德内涵还体现在礼制与日常生活的结合上。《礼记》中提道："礼以节用为本。"儒家认为，节俭应成为生活的基本原则，尤其是在社会物质资源有限的情况下，更应倡导节制欲望、珍惜资源。这种观念不仅塑造了古代社会崇尚简朴的文化氛围，也为后世的经济实践提供了深刻的思想启发。

中华优秀传统文化中的勤俭观念，不仅仅是一种经济行为，更是一种幸福观念。《道德经》中有言："少则得，多则惑。"老子通过这一简练的哲学命题，

揭示了俭朴生活的深刻智慧：减少对物质的依赖，方能获得内心的满足。这一思想倡导人们将目光从外在财富转向内在精神，从而实现更高层次的幸福追求。

在道家思想体系中，节俭不仅是一种生活态度，更是一种人生哲学。通过节俭，人们能够与自然保持和谐，避免对自然资源的过度消耗，从而实现"天人合一"的理想境界。简朴生活因此被赋予了超越物质层面的意义，成为人类幸福的重要基础之一。勤俭节约作为一种经济智慧，在中国历史上也有着广泛的实践意义。以农业社会为基础的传统中国，物质资源相对有限，这种现实条件推动了勤俭观念的形成与普及。《论语》中提道："节用而爱人，使民以时。"这种对资源节约与合理分配的主张，不仅是古代社会经济生活的重要原则，也反映了中华文化中对可持续发展的深刻认识。

勤俭节约在传统社会中的经济实践体现为节约资源与平衡分配的智慧。我国古代农耕文明中推行的土地轮作、节水灌溉等技术，不仅提升了农业效率，也有效维护了生态系统的平衡。这些做法体现了中华文化在物质有限条件下追求资源最优配置的思想，其核心理念在当代仍具有重要的借鉴价值。

中华优秀传统文化中的勤俭观念，不仅局限于个体和家庭层面，还具有深远的社会意义。在传统社会中，勤俭节约被视为维护社会公平与促进和谐的重要手段。通过倡导节俭，能够有效避免因奢靡之风引发的社会矛盾，促进社会风气的淳朴与稳定。《管子》中提道："仓廪实而知礼节，衣食足而知荣辱。"这一思想表明，物质充盈并不意味着奢靡，而是在满足基本需求的基础上，通过节俭培育道德风尚，从而实现更加稳定的社会秩序。

勤俭节约观念与家庭教育紧密相连。传统文化认为，良好的家庭教育应以勤俭为核心，通过家庭的言传身教，培养子女的节俭意识，使其形成健康的消费观和社会责任感。《朱子家训》提出："一粥一饭，当思来之不易；半丝半缕，恒念物力维艰。"这一家训强调了节俭对家风家教的重要性，倡导在日常生活中珍惜资源、崇尚节俭，以形成健康的生活习惯和价值观念。这种以家庭为载体的节俭教育，为社会风尚的培养提供了重要基础。

勤俭节约作为中华优秀传统文化的重要组成部分，既是一种生活智慧，也是一种幸福观念。通过提倡节俭、反对奢靡，传统文化不仅展现了对资源有限性与社会公平性的深刻认识，也为个体与社会的和谐发展提供了重要指导。简朴的生活方式不仅能够带来物质的节约，更能培养内在的满足与精神的富足，为实现美好生活提供了深厚的文化支撑。

<h2>第三节　中华优秀传统文化对于新时代大学生美好
生活观培育的现实意义</h2>

中华优秀传统文化以其深厚的思想内涵和独特的价值体系，为新时代大学生美好生活观的培育提供了丰富的资源与启发。从增强文化自信到弘扬家国情怀，从培养心理韧性到倡导生态责任，再到提升人际交往能力和树立正确消费观，中华文化的核心理念贯穿于大学生生活的各个方面，为他们在复杂多变的社会中找到方向、坚定信念提供了有力支持。

新时代大学生是中华民族伟大复兴的中坚力量，其美好生活观的培育不仅关乎个人幸福，也与社会发展和国家前途息息相关。通过深入学习和实践中华优秀传统文化，大学生能够在思想上汲取智慧，在行动上传承美德，将个人成长与社会进步相结合，从而实现更全面的发展。这种文化传承不仅是中华文明生生不息的重要动力，也是中国特色社会主义事业不断发展的重要保障。

一、增强文化自信，树立正确的生活价值观

文化自信是一个国家、一个民族发展中最基本、最深沉、最持久的力量。中华优秀传统文化作为中华民族精神的重要载体，为大学生树立正确的生活价值观提供了深厚的思想根基。习近平总书记指出："中华优秀传统文化是我们最深厚的文化软实力，也是中国特色社会主义植根的文化沃土。"[①]在新时代，大学生作为实现中华民族伟大复兴的重要力量，必须以文化自信为基础，培育健康积极的生活观念，为个人成长和社会进步提供动力。

中华优秀传统文化中蕴含的核心价值观念，如"仁义礼智信""家国一体"等，与社会主义核心价值观高度契合，为新时代大学生提供了思想滋养。例如，"仁义礼智信"构成了中华文化的伦理核心，强调为人处世的责任意识和道德规范；"修身齐家治国平天下"则展现了个体与社会的紧密联系，鼓励大学生通过提升个人修养，承担社会责任。这些思想通过学校教育、家庭熏陶和社会

---

① 习近平. 建设社会主义文化强国 着力提高国家文化软实力[N]. 人民日报，2014-01-01(1).

实践的传递，融入大学生的日常生活，帮助他们在多变的社会环境中保持思想定力。

文化自信不仅是一种精神力量，也是大学生应对多元文化冲击的重要屏障。在全球化和信息化的时代背景下，外来文化的广泛传播在丰富大学生文化视野的同时，也容易引发文化认同及意识形态危机。一些年轻人对本土文化缺乏深刻理解，甚至产生对本民族文化的轻视和疏离感，这对正确生活价值观的形成构成了潜在威胁。通过深入学习中华优秀传统文化，大学生能够深刻认识到中华文化的独特性和先进性，从而在多元文化交融中坚定自身的文化立场，增强民族自豪感与文化认同感。

此外，传统文化的学习还能帮助大学生树立更高层次的生活价值观。从古代哲学典籍如《论语》《道德经》中汲取智慧，大学生能够认识到幸福生活不仅在于物质的充盈，更在于精神的富足和道德的完善。通过树立这样的价值观，大学生可以更加理性地看待外在成就和内在追求之间的关系，更加注重内心的平和与满足，形成健康、积极的生活态度。

二、弘扬家国情怀，增强社会责任感

家国情怀是中华优秀传统文化的重要价值观之一，深刻体现了中国人对家庭、社会和国家责任的理解与担当。习近平总书记指出："青年一代有理想、有本领、有担当，国家就有前途，民族就有希望。"[①]家国情怀作为一种文化自觉和精神纽带，对于新时代大学生的成长与国家发展都具有重要意义。

中华优秀传统文化中，"家国一体"的观念贯穿始终。《孟子》中提出："老吾老以及人之老，幼吾幼以及人之幼。"这一思想将家庭责任与社会责任有机结合，强调从个人的孝悌伦理出发，逐步扩展到社会关怀和国家担当。这种以家庭为基础延伸至国家的伦理逻辑，为新时代大学生理解个人与国家的关系提供了理论支撑和实践方向。在新时代背景下，家国情怀要求大学生将个人奋斗与民族复兴紧密结合。抗击新冠疫情、乡村振兴建设等重大社会事件中，大学生以实际行动展现了这种家国担当。无论是在基层医疗服务中的志愿工作，还是在乡村振兴的社会实践中，大学生群体都展现出将小我融入大我、将个人价值

---

① 中共中央文献研究室. 习近平关于青少年和共青团工作论述摘编[M]. 北京：中央文献出版社，2017.

融入国家使命的精神追求。

弘扬家国情怀，还需要通过创新教育模式，将传统文化的精髓融入大学生的学习生活中。例如，思想政治教育课程可以加强对《大学》《中庸》《资治通鉴》等经典著作的学习，引导大学生从中汲取思想智慧，理解家国情怀的内涵与价值；社会实践活动则可以组织"文化下乡""红色传承"等主题项目，让大学生在实践中体会家国观念的现实意义。这种理论与实践相结合的教育方式，有助于大学生将传统文化内化为行为准则，形成强烈的社会责任感，为中华民族伟大复兴贡献力量。

三、培养心理韧性，促进大学生心理健康

中华优秀传统文化中关于心理健康的思想，为新时代大学生应对心理挑战提供了丰富的智慧资源。在现代社会，大学生面临学业、就业、情感等多方面的压力，心理健康问题日益突出。传统文化中"自强不息""厚德载物"等理念，为培养大学生的心理韧性提供了深厚的思想根基。

"天行健，君子以自强不息"是中华优秀传统文化中最为著名的励志箴言之一。这一思想启发大学生在面对挫折时，应以积极进取的心态克服困难，培养对目标的坚定追求和自我激励能力。这种韧性不仅体现在对外部环境的适应能力上，更体现在面对失败与挑战时的心理调适与重建能力上。与此同时，《论语》中的"君子坦荡荡，小人长戚戚"提醒人们注重情绪管理和心态平和，以宽广的胸怀应对生活中的不如意。儒家的"知足常乐"观念，从心理平衡的角度，为大学生提供了抵御现代消费主义和攀比心理的智慧启示。这一传统思想帮助大学生在面对外界诱惑与压力时，能够保持内心的平静与满足，从而以更健康的心理状态迎接未来的挑战。

传统文化中关于心理健康的思想，还强调个体内在修养的重要性。《庄子》中的"逍遥游"哲学观念倡导人们摆脱外界束缚，通过内心的自由实现精神的安宁与幸福。这一思想在现代社会依然具有重要的心理指导价值，尤其在快节奏和高压力的环境中，能够帮助大学生缓解焦虑、提升心理韧性，保持内心的平和与自我调节能力。

四、倡导生态责任，树立绿色生活理念

生态文明是中华优秀传统文化的重要内涵之一，其核心思想体现在"天人

合一""道法自然"等经典哲学命题中。这些观念强调人与自然和谐共生,呼吁人类尊重自然规律,适度开发资源,维护生态系统的平衡。《尚书》中提道:"敬天保民",这一思想不仅传达了对自然的敬畏之心,也蕴含着人与自然和谐共处的伦理意识。

在现代社会,生态危机已成为威胁美好生活的重大问题。习近平总书记多次强调:"人与自然是生命共同体。"①中华优秀传统文化中关于生态责任的思想,为当代大学生树立绿色生活理念提供了重要启示。"天人合一"的哲学观念主张人类行为需顺应自然法则,以减少对环境的破坏。例如,《管子》提到"地势无盈,万物有常",警示人类在开发利用自然资源时,要避免过度开采。这一观念帮助大学生理解生态系统的脆弱性以及资源有限性的现实,从而树立对自然的珍惜与保护意识。"道法自然"的道家思想倡导简单质朴的生活方式,鼓励人们减少对物质的依赖,回归自然。这一思想对大学生树立绿色生活理念具有现实意义。在追求个人幸福的过程中,通过减少浪费、优化资源使用,大学生不仅能实现自身的生态责任,还能为社会的可持续发展贡献力量。

此外,传统文化中的节俭观念也为大学生提供了实践指引。《论语》提道:"俭,德之共也;侈,恶之大也。"通过学习传统文化,大学生可以认识到节俭不仅是个人的美德,更是一种环境伦理。这一观念能够引导大学生在日常生活中培养节约资源、珍惜环境的习惯,将生态责任融入实际行动中。

培养生态责任感还需要借助优秀传统文化的教育与传播。例如,通过学习经典文化中的生态伦理思想,大学生可以更加深刻地理解人与自然和谐共生的意义。这样的文化学习不仅有助于提升大学生的环保意识,还能帮助他们将生态责任视为实现美好生活的重要一环。

五、提升人际交往能力,促进和谐的人际关系

人际关系是美好生活的重要组成部分,而中华优秀传统文化蕴含的丰富人际交往智慧,能够为大学生提供宝贵的指导。传统文化强调个人修养的重要性,并通过礼仪与道德规范维护人与人之间的和谐。孔子在《论语》中提道:"己欲立而立人,己欲达而达人"。这一论述强调了个人与他人之间的相互依存,主张在追求个人发展的同时,要关注他人的需求,并共同实现进步。

---

① 习近平.共同构建人与自然生命共同体[J].环境,2022(3):10-11.

在中华传统文化中，"仁、义、礼、智、信"是人际交往的核心价值。"仁"代表了人与人之间的关爱与宽容，"义"强调公正与正义，"礼"则体现了社会交往中的尊重与规范，而"信"则是人与人之间相互信任的基石。大学生通过学习这些道德观念，能够在日常交往中更加注重他人的感受，重视关系的和谐，避免冲突。礼仪文化在中华传统文化中占据重要地位，是人际交往的基本准则。《礼记》中指出："礼者，敬而已矣。"这一理念强调礼仪的核心是相互尊重和真诚待人。从家庭的孝悌伦理到社会中的尊卑有序，礼仪是人与人和谐相处的桥梁。通过学习这些礼仪规范，大学生能够提升沟通技巧，增强社交能力，并培养尊重他人、宽容待人的品质。

宽容与合作也是中华文化中倡导的重要品质。《中庸》提出："和而不同。"这一观点强调在多样性中找到共处之道，尊重差异，避免冲突。这一智慧对大学生在多元文化的环境中建立良好的人际关系具有重要意义。理解"和而不同"的理念，能帮助大学生适应复杂的社交情境，在团队合作中展现宽容与理解，进而构建和谐的人际网络。

中华优秀传统文化还强调家庭伦理在培养人际交往能力方面的重要作用。《孟子》提道："亲亲而仁民，仁民而爱物。"家庭作为社会的基础，和谐的家庭关系为个体的人际交往提供了宝贵经验和启示。通过学习传统家庭伦理，大学生能够更好地理解如何在家庭、朋友及社会中维系长期和睦的关系，为实现美好生活奠定坚实基础。

礼仪规范、宽容合作、家庭伦理、社会责任，中华传统文化从人际交往中多个层面为大学生提供了深刻的启示。这些思想帮助大学生在多样的社交环境中提升交往能力，促进和谐关系的建立。将这些智慧内化为行为准则，不仅能增进个人幸福，也有助于社会的和谐与稳定。

六、树立正确的消费观，倡导勤俭节约的美德

勤俭节约是中华优秀传统文化的重要美德之一，被视为安身立命的基础和修身治国的根本。《论语》中云："奢则不逊，俭则固。"这一思想认为，奢靡导致品德的堕落，而节俭能够培养人心的坚定与生活的稳定。这种节俭观念贯穿中华文化的发展历程，深刻影响了中国社会的生活方式与价值体系。

在传统文化中，节俭被赋予了高度的伦理意义。例如，《尚书》中提道："克勤于邦，克俭于家。"这一论述强调，节俭不仅是个人的道德修养，也与家

庭幸福和国家稳定密切相关。在家庭层面，勤俭节约能够促进成员间的相互扶持与共荣共存；在国家层面，节俭则被视为治国理政的重要策略，是实现社会长治久安的基础。因此，节俭观念在中华优秀传统文化中，不仅是一种经济行为，更是一种文化责任和精神追求。

对于新时代大学生而言，树立正确的消费观，传承勤俭节约的美德尤为重要。在现代社会中，随着物质生活的极大丰富，过度消费和资源浪费问题日益突出。传统文化中的节俭观念为大学生提供了思想借鉴和实践指导。通过学习《颜氏家训》中"宜未雨而绸缪，勿临渴而掘井"的思想，大学生可以认识到合理规划资源的重要性，并形成未雨绸缪的生活态度。朱熹在《朱子家训》中提道，"以俭为荣，以侈为辱"，这一价值观有助于大学生抵制消费主义和攀比心理，树立健康、理性的消费观念。

勤俭节约并不意味着对资源的吝啬，而是提倡合理使用资源，避免浪费。传统文化中的"礼以节用"原则，强调在满足基本需求的基础上合理安排资源分配。这一思想在当代具有重要的实践意义，能够帮助大学生认识到节俭不仅是个人生活的智慧，更是一种社会责任。在资源有限的环境中，大学生通过养成节俭习惯，不仅可以为自身提供更好的发展机会，也能为社会的可持续发展贡献力量。

此外，节俭观念与精神富足密切相关。道家倡导"少则得，多则惑"，认为简朴的生活方式有助于摆脱对物质的依赖，转而更加专注于内在的精神追求。这一理念提醒大学生，追求个人幸福时，不应过度依赖物质积累，而应注重内心的充实与满足。

勤俭节约的美德在教育实践中还需要通过系统化的引导与培养。例如，学校可以通过传统文化课程将节俭观念融入大学生的日常生活，帮助他们形成理性消费的行为模式。通过学习传统经典，大学生可以从历史中汲取智慧，在实践中做到知行合一。勤俭节约不仅是大学生塑造健全人格的重要内容，也是推动社会整体进步的必要条件。

第六章

新时代大学生美好生活观培育的价值维度

　　大学生美好生活观的培育是一个系统工程，需要多方面协同发力，建立科学的培育体系，促进大学生成长成才。同时，大学生美好生活观的培育要从多维角度考量其培育的价值目标，结合新时代国家的发展战略、社会的发展要求、个人的成长需要。从国家层面来看，新时代大学生美好生活观的培育应该以实现中华民族伟大复兴的中国梦作为使命。从社会层面看，就是要构建社会主义和谐社会，实现长久安宁。从个人层面看，就是要实现人的自由全面发展。

第一节　中华民族伟大复兴是大学生美好生活观培育的国家维度

一、充分认识中华民族伟大复兴的内涵及现实意义

　　2012年11月29日，习近平总书记在参观"复兴之路"展览时首次提出"实现中华民族伟大复兴，就是中华民族近代以来最伟大的梦想"，开启了中国梦的伟大愿景。并且指出，我们比历史上任何时期都更接近、更有信心和能力实现中华民族伟大复兴的目标。

（一）伟大复兴的内涵

　　中华民族伟大复兴是当代中国社会发展的宏伟目标，它不仅是经济、政

治、文化等领域的全面发展，更是全体中华儿女共同努力的历史任务。从历史的角度来看，中华民族伟大复兴蕴含着深刻的历史脉络，体现了中国特色社会主义建设的历史必然性。它贯穿着近现代中国由积贫积弱到自立自强的艰辛历程，也承载着中华民族对于未来的宏大梦想。要全面理解中华民族伟大复兴的内涵与意义，不仅要从国家和社会发展的角度进行分析，更要深刻认识到其与每一个普通公民，特别是大学生群体的紧密关联，在全社会范围内促进青年一代的成长与发展，推动他们树立正确的美好生活观。

经济复兴是中华民族伟大复兴的核心内容之一。中国从新中国成立初期的"贫穷落后"到改革开放后的"崛起"，经历了多次战略转型和发展模式的更新。经济的飞跃发展为中国在全球舞台上赢得了更多的话语权，也为民众提供了越来越丰富的物质财富。新时代中国特色社会主义经济发展注重创新驱动、绿色发展和高质量增长，不断推动产业结构的升级，提升国家的综合国力。经济复兴的成就不仅体现在国内生产总值（GDP）的持续增长，更体现在人民生活水平的逐步提升上。中国成为世界上第二大经济体，民众收入水平不断提高，脱贫攻坚取得历史性突破。通过精准扶贫、区域协调发展等措施，国家逐步解决了长期困扰中国的贫困问题，实现了历史性的脱贫目标，为全球反贫困事业贡献了中国智慧。

科技创新是国家竞争力提升的重要驱动力，中华民族伟大复兴的另一个关键层面就是科技的自主创新。近年来，中国在科技领域取得了显著成就，特别是在航天、人工智能、量子通信、5G通信技术等领域屡创世界纪录。中国已经跻身世界创新型国家行列，并为全球科技进步做出了重要贡献。科技创新的核心不仅体现在科学研究和技术突破的数量上，更重要的是如何通过创新推动中国从"制造大国"向"创新大国"转型，实现全方位的技术自主可控。中国自主研发的空间站、月球探测项目、长征系列火箭等不仅彰显了国家的科研实力，也增强了国家的文化自信和民族自豪感。对于大学生而言，科技创新的兴起提供了充足的发展机遇，激励他们在创新创业的浪潮中寻找自己的位置，贡献自己的智慧与力量。

文化复兴是中华民族伟大复兴的重要组成部分，中华文化源远流长，涵盖了哲学、艺术、文学、教育等多个方面。随着经济实力的提升，中国逐步恢复和发展了以儒家思想为核心的文化传统，并通过多样化的形式将这一文化传统推向世界。中华优秀传统文化的复兴使得中国不仅在物质上取得了成功，更在精神文化层面形成了强大的凝聚力和自信心。

新时代的文化复兴不仅要继承传统文化的精髓，还要融入现代文化的创新元素。中国特色社会主义文化已经形成了一种独特的价值体系，强调社会主义核心价值观，倡导诚信、和谐、自由、平等等理念，推动社会思想风气的更新。大学生群体作为文化创新的先锋，需要在不断传承和发扬传统文化的同时，融入时代发展的新元素，推动社会主义文化的进一步繁荣。

社会复兴的目标是建立一个更加公平、民主、和谐的社会环境，使每一个国民都能够在社会发展中享受到更多的机会和资源。中国改革开放以来，尤其是近些年，社会保障体系的不断完善，教育公平、医疗改革、环境保护等政策的推进，推动了社会公正与公平的实现。社会复兴强调实现社会资源的合理配置，推动共同富裕的实现。中国特色社会主义建设的核心任务之一，就是要推动社会资源向更加公平合理的方向流动，确保全体人民的基本生活需求得到满足，并为每一个人提供平等的机会和条件。

生态复兴。随着人类社会发展和全球化进程的加快，生态环境问题日益凸显。生态文明建设已经成为中华民族伟大复兴的重要组成部分。中国提出的"绿水青山就是金山银山"的发展理念，体现了国家对生态环境保护的高度重视。通过加强环保法规和政策，推动绿色生产和消费，中国在全球范围内推动了可持续发展理念的传播。

生态复兴要求各级政府和社会各界共同努力，从源头减少污染，推动低碳经济和可再生能源的使用，逐步解决污染问题，恢复生态平衡。大学生作为国家未来的栋梁，需要在生态文明建设中发挥积极作用，通过环保行动和绿色生活方式参与到国家的生态复兴战略中。

(二) 伟大复兴的意义

首先，中华民族伟大复兴的中国梦与世界各国人民的美好梦想密切联系，对构建人类命运共同体有重要意义。中国有着14亿多人口，中国的发展，与世界的发展紧密相连。从世界视野看，中国梦是面向世界的，中国的逐梦之旅注定与世界同行。中华文化具有"兼济天下"的世界观和情怀，中国人不会将自己的美好生活建立在其他民族的不幸之上。中国人希望自己过得好，也要让别人过得好。大家共同发展才是好的发展。中国梦的实现不仅致力于中国自身发展，也强调对世界的责任和贡献。不仅造福中国人民，而且造福世界人民。中国梦以赶上世界先进水平为目标，但中国绝不会只顾自身发展。当前形势下，新型大国关系的建立以及人类命运共同体建设，都是从中国人民与世界各民族合作共赢的根本利益出发的。

其次，中华民族伟大复兴为维护人类文明多样性贡献中国智慧和方案。中国道路的成功奥秘就蕴藏在独特的文化精神之中。探寻中国道路成功拓展的奥秘，发现其蕴含着文化、价值观和精神等方面的因素。国无德不兴，人无德不立。中华民族伟大复兴中国梦的实现，归根结底靠的是 14 亿多中国人共同的价值信仰和精神追求。中国人有自己独特的精神世界，有自己的核心价值观，正在书写属于自己的现代性。社会主义核心价值观如空气般无处不在，人们日用而不觉。中华民族伟大复兴绝不仅仅意味着经济体量的壮大，还包含文化、价值观和精神等软实力的增强。

再次，中华民族伟大复兴是人民美好生活实现的重要保障。中国人民美好生活的实现，不仅体现物质生活丰富，精神生活多彩，社会文明进步，生态环境美好，还在于和平的国际环境和良好的大国外交关系。中华民族伟大复兴中国梦的实现，不仅让我们不再贫穷，更是我们不再受国际霸权主义的欺凌，不会遭受侵略和战争，使人民过上美好的安宁生活。

二、大学生是中华民族伟大复兴中国梦实现的中坚力量

中华民族伟大复兴的伟大目标，是所有中华儿女的共同愿景，也是每个时代公民的责任与使命。作为国家的未来和民族的希望，大学生群体在这一历史进程中扮演着举足轻重的角色。新时代的大学生，作为国家人才培养体系的重要组成部分，不仅需要具备扎实的专业知识和技能，还应当具备深厚的爱国情怀和社会责任感。培养和弘扬大学生的美好生活观，正是实现中华民族伟大复兴战略目标的重要一步。

大学生在国家复兴过程中承担着多重责任，既要为国家的发展提供源源不断的人才支持，也要为民族文化的传承与创新贡献自己的力量。他们不仅需要适应全球化的时代要求，还要树立起正确的价值观与人生目标，把个人的幸福追求与国家、社会的未来紧密结合，勇敢承担历史赋予的责任。

中华民族伟大复兴的内涵丰富，涉及经济、文化、科技、社会等各个方面，其意义深远，关系到国家、民族乃至全球的未来发展。伟大复兴不仅是物质层面的富强，更是精神文化和社会生态的全面复兴。作为新时代的大学生，应当

深入理解这一历史使命，树立正确的美好生活观，在个人发展与国家复兴的宏伟蓝图中找到自己的责任和使命。通过不断提升个人素质，努力为国家的全面复兴贡献智慧与力量，在实现中华民族伟大复兴的征程中，大学生必将在新时代的浪潮中书写属于自己的精彩篇章。

三、大学生美好生活观培育以中华民族伟大复兴为己任

中华民族伟大复兴不仅是国家和民族的战略目标，也是时代赋予每一位公民的历史使命。对于大学生这一群体来说，伟大复兴不仅为他们提供了广阔的发展平台，也对他们的美好生活观培育提出了更高的要求。在这个过程中，大学生如何理解、认知并践行中华民族伟大复兴的战略目标，直接影响到他们如何定位自己的发展目标和人生方向。伟大复兴的进程深刻地影响着大学生的价值观、人生观和世界观，使他们在追求个人幸福的同时，更加关注社会进步、国家发展与人类命运共同体的构建。

(一) 时代背景的深刻影响：大国崛起与青年责任

伟大复兴的时代背景无疑为大学生的美好生活观注入了新的内涵和动力。中国的崛起为大学生提供了更加广阔的发展空间，同时也提出了青年一代在社会变革和国家发展中肩负的责任。在这一过程中，大学生不仅要在物质层面追求更高的生活质量，更要在精神层面塑造出符合新时代要求的生活理想。

首先，经济的快速发展和国家的崛起为大学生创造了更多的机遇。新时代的中国已经不再是那个贫弱的国家，经济发展不仅使国家实力不断壮大，也使民众生活质量显著提高。大学生在享受物质文明成果的同时，面临着更多选择的机会和人生发展的空间。国家在教育、就业、创业等方面的政策支持为大学生提供了强有力的保障，大学生的社会竞争力和创新能力也在这些政策的推动下不断提升。大学生不仅要积极适应这一新时代的发展潮流，也要通过提升自己的专业能力和综合素质来为国家的繁荣富强贡献力量。

其次，伟大复兴的历史进程为大学生赋予了更加深远的使命感。中国的崛起不仅是经济实力的提升，更是综合国力的全面增强。对于新时代的大学生来说，如何为国家的伟大复兴添砖加瓦，如何在全球化和数字化浪潮中找准自己的定位，成为新时代大学生必须思考的重要问题。伟大复兴的进程中，大学生应树立起强烈的时代责任感和社会使命感，把个人的幸福与国家的未来、民族

的振兴紧密结合，积极投身于国家的发展建设。

(二)文化自信与思想认同的内在驱动：美好生活观的价值取向

中华民族伟大复兴的进程离不开文化复兴的支撑。文化自信是中华民族伟大复兴的核心动力之一，正是文化自信使得中国在国际舞台上能够稳步前行。对于大学生群体来说，文化自信的增强为他们提供了强大的精神动力，也使得他们在多元化的价值观和文化背景中能够坚守自己的思想立场，塑造出符合时代要求的美好生活观。

在全球化背景下，大学生面临着复杂的社会环境和多元的价值观挑战。西方的价值观和生活方式在全球范围内的传播，使得不少大学生在面对多样化的文化时容易产生迷茫或冲突。此时，文化自信便成为大学生在选择和决策中的内在驱动力。中华优秀传统文化的复兴使大学生更加深入地了解和传承中华文化的精神内核，增强了他们的文化自觉和文化认同。通过对中国历史、哲学、文学、艺术等方面的学习，大学生能够培养起强烈的民族自豪感，进而树立正确的生活观和价值取向。

具体而言，大学生在追求个人美好生活的同时，不仅要追求物质的享受，更应注重精神的富足。在新时代背景下，大学生的美好生活观应当体现出对于社会责任的担当、对于道德修养的追求、对于社会公平正义的关注。例如，大学生可以在文化实践中深入参与社会公益活动，积极倡导和践行社会主义核心价值观，推动文化与社会的共同进步。此外，大学生还应当不断反思并纠正自身在消费、生活方式等方面的价值偏向，摒弃拜金主义和享乐主义，培养内敛、节俭、和谐的生活态度。

(三)社会公平正义的推动：理想与实践的结合

社会公平正义是中华民族伟大复兴的核心价值之一。在实现社会公平正义的过程中，大学生作为社会的新兴力量，必须在理想与实践的结合中形成科学合理的美好生活观，才能为社会进步提供源源不断的正能量。社会公平的实现不仅意味着物质财富的均衡分配，更意味着机会的公平、教育的公平、就业的公平以及公正的社会环境。

大学生群体的美好生活观应当体现出对社会公正的深刻认同与追求。在当前社会变革中，虽然中国在扶贫、教育、医疗等方面取得了显著成绩，但社会中依然存在着一些不平等的现象，如城乡差距、区域差异、社会资源分布不均等问题。大学生作为社会的中坚力量，应当关注并参与到这些社会问题的解决中，为推动社会公平正义贡献力量。通过学术研究、志愿服务、公益活动等多种方式，大学生可以在亲身实践中体验社会不平等带来的影响，并从自身做起，在工作和生活中践行公平正义，推动社会的和谐发展。

与此同时，大学生还需要在理想与实践的结合中树立正确的价值观。新时代的中国，虽然经济飞速发展，但社会问题仍然需要各界的共同努力去解决。大学生应通过深刻的理论学习和实践体验，不断提升自我觉悟，明确自身在实现社会公正与公平过程中的责任。在社会大潮中，大学生不能只是被动的受益者，而要成为推动社会变革的积极参与者和行动者，立足自身的社会角色，努力推动社会制度的优化与完善。

(四) 自我实现与国家发展：个人理想与社会责任的统一

中华民族伟大复兴不仅是国家层面的宏伟蓝图，它还直接关乎每个公民，尤其是大学生的个人发展与自我实现。在新时代背景下，大学生的美好生活观不能仅仅局限于个人的幸福追求，更需要与国家的整体发展和社会进步相统一。这种个人理想与社会责任的统一，是新时代大学生美好生活观的核心特征之一。

对于大学生而言，个人理想的实现必须立足国家发展的大局。在国家富强的背景下，大学生不仅要追求学术成就和职业成功，还要思考如何将个人价值与社会责任紧密结合。例如，在实现学术理想的同时，大学生要关注自己的专业技能如何服务于国家的产业发展；在追求职业成功的同时，大学生要思考自己如何通过创新、创业、社会服务等方式，推动社会的进步与发展。

此外，新时代大学生的自我实现也要立足国家的实际需求。中国的科技创新、经济转型和社会发展都需要大批优秀人才，大学生应将自己的个人发展目标与国家的战略需求对接，培养创新精神和实践能力，为国家的发展贡献智慧和力量。例如，国家在绿色发展、数字化转型、乡村振兴等方面的政策，需要大学生积极参与并推动这些领域的研究与实践，推动中国实现更加全面和可持续的发展。

（五）全球视野与责任担当：大学生的国际化素养

随着中国综合国力的提升，大学生的美好生活观不再局限于国内视野，而是融入全球化的浪潮中。伟大复兴不仅是中国的复兴，也是全球治理体系改革的一个重要组成部分。在这一背景下，大学生必须具备全球视野与责任担当，推动中国文化在全球的传播，并积极参与全球合作与竞争。

大学生的美好生活观必须融入全球治理和人类命运共同体的建设中。通过国际交流与合作，大学生能够更好地理解全球化背景下的共同挑战与机遇，提升跨文化沟通能力，增强国际竞争力。同时，大学生还应当在全球化进程中传播中国声音，提升中华文化的国际影响力。只有具备全球视野，大学生才能在更加复杂多变的国际局势中保持清晰的价值定位，为国家的国际地位和民族的文化复兴做出贡献。

中华民族伟大复兴为大学生的美好生活观培育提供了宏大的历史背景与深刻的时代意义。在这一过程中，大学生应深入理解伟大复兴的内涵，明确自己在社会发展中的责任与使命，树立正确的美好生活观。文化自信、社会责任、个人理想与国家发展相统一的观念，可以促使大学生为中华民族的伟大复兴贡献智慧与力量，并在这一历史进程中实现自身的价值与理想。

第二节　构建和谐社会是大学生美好生活观培育的社会维度

美好生活的实现，离不开安定的社会环境。社会的和谐是美好生活实现和存在的外部环境。历史证明，社会动荡、矛盾纠纷频发、战火纷飞的社会状态，人民基本的生活都无法保障，更谈不上美好的状态。

一、社会主义和谐社会的应然状态

社会主义和谐社会是中国特色社会主义理论体系中的重要组成部分，其构建也是实现中国梦的关键步骤。它不仅仅是经济和社会发展的阶段性目标，更是全体社会成员共同追求的理想社会状态。对于大学生来说，社会主义和谐社会的建设直接关系到他们的社会责任感、人生理想和未来发展。因此，深刻理解社会主义和谐社会的内涵与意义，并将其融入大学生的美好生活观培育中，是当代中国教育体系的重要任务。

社会主义和谐社会的核心理念体现了对人与人、人与社会、人与自然之间关系的综合思考与协调，主张在追求经济和物质文明的同时，注重精神文明建设和社会公正的实现。它强调公平、正义、和谐与可持续性，力求通过制度创新和社会合作，减少社会矛盾，增进人民的幸福感和满足感。大学生作为社会中的新兴力量，肩负着为社会和谐贡献力量的重要使命，因此，理解并认同社会主义和谐社会的内涵，对他们构建健康的美好生活观至关重要。

(一)社会主义和谐社会的内涵：经济发展与社会公平的协调统一

社会主义和谐社会不仅仅是经济繁荣的体现，更是社会公平、民生幸福和文化繁荣的综合体现。在经济发展的同时，社会主义和谐社会要求建立起公平正义的社会秩序，确保不同社会群体能够共享改革发展成果，避免贫富差距过大，防止社会资源的过度集中与剥夺。在这一背景下，大学生不仅要在个人发展上追求幸福，更要关注社会的不平等现象，思考如何通过社会责任和行动，推动社会公平正义。

社会主义和谐社会的建设强调社会成员的平等、团结和共同进步。这要求全体公民，尤其是大学生要理解到，幸福生活不仅仅是个人的生活质量提升，更是整体社会共同进步的体现。大学生要关注社会中的弱势群体，通过积极参与社会公益活动、志愿服务等，帮助社会中的贫困群体、教育资源匮乏的地区，促进社会各阶层的和谐与共融。

此外，社会主义和谐社会还强调人与自然和谐共生。随着中国经济的快速发展和城市化进程的加速，环境问题逐渐成为社会可持续发展的瓶颈。构建社会主义和谐社会不仅仅要关注社会的经济与文化层面，还要注重生态文明建设，力求人与自然之间的和谐关系。大学生应当树立绿色发展理念，在日常生活中倡导低碳、环保的生活方式，参与到环境保护的行动中，推动社会向生态文明方向转型。

(二)社会主义和谐社会的目标：社会稳定与文化繁荣

社会主义和谐社会的核心目标是实现全体社会成员的共同富裕、社会的长治久安以及社会的全面发展。这一目标不仅仅关注物质层面的富裕，更注重精神文明建设和人民群众的幸福感。大学生作为未来社会的建设者和领导者，理解这一目标并参与其中,对于他们的人生发展具有深远意义。

社会稳定是社会主义和谐社会建设的重要保障。稳定的社会环境为每个人提供了发展和追求幸福的条件。在这一过程中,大学生需要树立起强烈的社会责任感和历史使命感。作为未来的国家栋梁,大学生要认清自己的责任,培养解决社会矛盾和维护社会稳定的能力,促进社会的长期稳定与和谐。

文化繁荣是社会主义和谐社会的另一项重要目标。社会主义和谐社会不仅仅是物质和经济的繁荣,更是文化和思想的繁荣。在这一过程中,大学生作为文化传承和创新的重要力量,要承担起传承中华优秀传统文化、推动文化创新和全球文化交流的任务。文化自信和文化创新是大学生培养美好生活观的重要支柱,通过对文化的认同和创新,大学生能够为社会贡献积极的文化力量。

(三)社会主义和谐社会的核心价值:人民幸福

人民幸福是社会主义和谐社会的最终追求。中国特色社会主义的根本目标是实现全体人民共同富裕。在这一目标的实现过程中,大学生不仅要享受社会进步带来的成果,还要通过参与社会服务、扶贫济困、公共政策制定等活动,为提升民众幸福感、促进社会和谐贡献力量。

二、大学生应积极投身到社会主义和谐社会构建的实践中

社会主义和谐社会的建设意义深远,它不仅是国家政策和社会发展规划的体现,更关系到每一个社会成员的生活质量和幸福感。对于大学生而言,理解并参与到这一社会建设过程中,不仅是实现个人理想的途径,也是实现社会公正和民族复兴的重要责任。

首先,大学生的社会责任感应当立足社会主义和谐社会的建设。大学生是社会中最富有活力和创造力的群体,他们有责任通过创新和实践推动社会进步。在社会主义和谐社会的建设过程中,大学生应当积极投身于教育、医疗、环保、扶贫等社会事业,帮助解决社会中的不平等和不公正问题,促进社会各阶层的和谐共生。

其次,社会主义和谐社会的建设需要大学生培养合作精神和集体主义精神。在和谐社会中,个人发展和集体进步是相辅相成的。大学生需要通过团队合作、共同努力,实现个人的成长和社会的进步。通过集体主义精神的培养,大学生能够在未来的社会建设中,发挥更大的集体力量和社会效应,推动社会

的发展和进步。

最后，社会主义和谐社会的建设需要大学生具有创新精神和责任担当。在日益全球化和信息化的背景下，大学生不仅要传承和创新中华优秀文化，还应当勇于面对新的社会问题和挑战。大学生应当积极参与到科技创新、社会改革、国际交流等领域，通过自己的聪明才智为构建更加和谐、公正、可持续的社会贡献力量。

社会主义和谐社会是中国特色社会主义道路上的重要目标，它不仅关乎社会的经济发展和物质繁荣，更涉及精神文明建设、社会公平正义的实现。大学生作为未来社会的建设者，必须在社会主义和谐社会的建设过程中，深刻理解和认同这一社会目标，并通过自身的努力、实践和创新，为社会的和谐进步贡献力量。

对于大学生而言，构建社会主义和谐社会不仅是一个宏大的社会命题，更是个人理想与社会责任相结合的实践过程。通过思想政治教育、社会实践、职业发展、文化认同等多方面的综合措施，大学生可以更好地理解社会主义和谐社会的内涵，并在这一进程中找到自我价值与社会责任的统一点，推动国家和社会的长远发展与和谐共生。

三、社会和谐应成为大学生美好生活观培育的重要内容

社会主义和谐社会的建设是全社会共同追求的理想目标，大学生作为未来社会的中坚力量，在这一进程中承担着重要责任。大学生的美好生活观不仅应当涵盖个人发展的理想，还应当关注社会责任、集体主义精神、社会公平和国家的长远发展。为了实现这一目标，大学生必须通过多种路径和措施，深入理解和参与到社会主义和谐社会的建设中，进而塑造符合时代要求的美好生活观。以下将从思想政治教育、社会实践、文化认同、公共责任等多个方面提出具体措施，以推动大学生美好生活观的培育。

(一) 加强和谐文化教育，增强大学生社会责任感

在中华优秀文化的宝典中，蕴含着大量和谐文化的知识。新时代高校思想政治教育中，应注重加强社会和谐文化的教育，提高大学生和谐文化素养，增强他们的和谐意识，为实践中宣传和引导社会和谐的价值理念提供理论基础。

首先，要在大学生中深入开展和谐价值观教育，特别是围绕和谐社会的构

建进行强化。可以通过思想政治理论课程、专题讲座、座谈会等形式，组织学生学习社会主义和谐社会的理念与目标。课程内容应涵盖社会公正、人民幸福、环境保护等方面的知识，引导大学生形成全局观念，理解到和谐社会不仅是国家发展的目标，也是每一个公民，特别是大学生的社会责任。

其次，大学生应当认识到，个人理想与国家社会的目标是密不可分的。在课堂教学的基础上，学校可以组织大学生参与社会公益活动、志愿服务项目等，通过这些具体的社会实践活动，让学生亲身体验社会的现实问题，理解社会责任感在个人生活中的重要性。例如，大学生可以参与扶贫帮困、支教助学、环境保护等项目，增强他们对社会弱势群体的关注和对社会问题的解决能力。

再次，大学生要树立大局意识，明白个人幸福不仅仅是物质上的追求，而且要与国家的进步、民族的复兴相统一。因此，学校要通过开展主题教育活动，如"中国梦"与个人梦想的结合，增强大学生对社会发展目标的认同，培养他们将个人发展与国家、社会进步相结合的价值观。通过这些措施，可以有效地提升大学生的社会责任感，使他们将构建社会主义和谐社会作为自己奋斗的目标。

(二)促进社会实践，提升大学生的社会参与感和集体主义精神

社会实践是大学生学习理论知识和社会经验的桥梁，是培养大学生美好生活观的重要途径。在构建社会主义和谐社会的过程中，大学生应通过社会实践活动，增强对社会多元需求和社会问题的理解，提升其社会参与感与集体主义精神。通过参与社会实践，大学生能够更加直接地接触到社会基层，参与到社会建设中去，形成正确的社会观和价值观。

首先，学校可以通过组织暑期社会实践、志愿服务等活动，让大学生走进乡村、社区、企业等基层单位，了解不同社会群体的需求与问题。在这些实践中，大学生能够接触到贫困、教育资源不均、环境污染等问题，激发他们对社会公正和公平的关注，并通过行动推动社会问题的解决。

其次，社会实践不仅仅是为大学生提供实践平台，它还应当通过组织多样的服务项目，增强学生的集体主义精神和合作意识。例如，大学生可以参与志愿服务，向偏远地区捐赠书籍和衣物，帮助困难家庭的学生进行辅导，或者参与社区的环保行动。这些活动不仅能够提高大学生的社会责任感，还能培养他

们的集体主义精神，使他们深刻理解到社会和谐的构建需要每个社会成员的共同努力和奉献。

此外，学校可以利用假期组织大学生参与政府或企业的社会调研项目，鼓励学生通过调研、数据分析等方式，关注社会热点问题，提出切实可行的社会政策建议。通过这些实践活动，大学生不仅能够锻炼自己的社会调查能力，还能够了解社会发展的复杂性，培养自己解决实际问题的能力。

(三) 强化文化认同，传承和创新中华优秀传统文化

社会主义和谐社会的建设离不开文化的支持，尤其是文化自信的培养与中华优秀传统文化的传承。大学生应当通过强化文化认同，理解中华文化的独特价值，从而树立起符合社会主义和谐社会要求的美好生活观。文化自信的建立为大学生理解社会责任、实现自我价值、为社会贡献力量提供了坚实的精神基础。

学校应通过开设丰富的文化课程，加强对中华优秀传统文化的教育。例如，开设关于儒家思想、道家文化、中华传统节日、书法艺术等的课程，让大学生全面了解中华文化的精髓。同时，利用校内文化活动，如经典文化诵读、红色文化讲座、传统节日庆典等，帮助大学生更深刻地感受到中华文化的力量，培养其对祖国文化的自豪感和认同感。

文化认同的提升还应当与现代社会发展相结合。大学生不仅要传承和发扬传统文化，还要通过创新，将其融入现代社会的发展中。例如，大学生可以在文化创意产业、艺术设计、教育传播等领域进行创新实践，将传统文化与现代科技、市场需求相结合，创造新的文化形式。这种创新性转化将有助于推动社会主义和谐社会建设，提升社会的文化软实力。

此外，学校还应鼓励大学生进行跨文化交流，拓宽他们的国际视野。在全球化背景下，大学生不仅要了解中国传统文化，还要增强对世界其他文化的理解和包容。通过与世界各国学生的交流，大学生可以获得不同文化的知识和经验，推动文化多样性与国际和谐的构建。

(四) 提升大学生的社会贡献力与实践能力

大学生的美好生活观不仅应关注个人的精神追求，还应关注如何通过职业发展和社会贡献实现自我价值。大学生在进入社会后，面临的核心问题是如何

选择自己的职业道路,并通过自己的努力为社会做出贡献。在构建社会主义和谐社会的过程中,大学生应当通过职业选择和发展,为社会提供更多的创新动力和实践支持。

首先,高校应当为大学生提供职业规划课程,帮助他们明确职业目标和发展路径。通过职业规划教育,大学生可以了解社会各行业的需求,确定适合自己的职业方向,避免盲目跟风或仅仅追求高薪工作。学校可以组织职业咨询、校友分享、企业走访等活动,让学生接触更多的行业信息,增加他们对社会需求和发展趋势的理解。

其次,大学生在职业选择时要关注社会贡献和个人价值的统一。在选择职业时,大学生应当思考自己的兴趣和能力与社会发展的需求是否相匹配。例如,选择教育、医疗、科研等具有社会责任感的职业,不仅有利于个人成长,也有助于推动社会的进步。在工作过程中,大学生要不断提升自身的专业能力,参与社会的创新与变革,推动社会主义和谐社会的建设。

大学生还应当注重职业道德和社会责任,保持诚信、公正的职业操守。职业道德和社会责任的培养,是大学生实现自我价值和社会责任统一的重要途径。学校可以通过举办职业道德教育活动、企业社会责任讲座等,提升大学生的职业道德水平,使他们在未来的职业生涯中,不仅能够取得个人成就,还能为社会的公正和发展贡献力量。

(五)拓宽国际视野,培养全球责任感与社会担当

在全球化日益加深的今天,大学生的美好生活观不应仅仅局限于国内社会的进步,还应具备全球视野和国际责任感。社会主义和谐社会的建设不仅是中国的任务,也需要在全球背景下与其他国家和地区的合作与发展中推进。大学生需要通过拓宽国际视野加强跨文化交流,培养全球责任感,进而为全球社会的和谐与进步贡献力量。

首先,大学生应当积极参与国际交流,拓宽视野。学校可以通过国际合作、留学项目、国际会议等形式,帮助大学生了解不同国家的社会发展情况,学习借鉴国外的先进经验,同时提升自己的国际化素养。通过跨文化的交流与学习,大学生能够了解全球化背景下社会面临的共同挑战,并为推动国际社会的合作与发展贡献智慧与力量。

其次,大学生还应当关注全球社会问题,如环境保护、全球贫困、国际冲

突等。通过参加国际志愿者项目、全球性公益活动等，大学生可以更直接地参
与到全球问题的解决中，培养全球责任感和社会担当。

大学生的美好生活观培育与构建社会主义和谐社会密切相关。通过加强思
想政治教育、促进社会实践、强化文化认同、引导职业发展、拓宽国际视野等
方面的措施，大学生不仅能够培养健康的美好生活观，还能够为社会的和谐进
步、国家的发展和民族的复兴贡献力量。

第三节　自由全面发展是大学生美好生活观培育的个人维度

物质生活和精神生活极大丰富是美好生活的应有内容，或者理解为美好生
活的基础内容。真正美好生活的需要是人的自我价值的实现，这种自我价值的
实现可以理解为人的自由全面发展。只有实现了人的自由全面发展，人才可以
实现更美好的生活。

一、人的自由全面发展的内涵

在新时代的中国，大学生不仅是国家未来的栋梁，也是社会主义事业的重
要力量。随着社会的快速发展和变革，个人的发展已成为衡量社会进步的重要
标准之一。大学生作为社会中的重要群体，其美好生活观的培育，必须关注如
何实现个人的自由全面发展。个人自由全面发展的实现，不仅涉及物质条件的
满足，更包括精神、思想、文化等多方面的提升和优化。对于大学生而言，在
新时代背景下理解和实践个人的自由全面发展，成为他们追求美好生活的重要
任务。

实现人的自由全面发展，是马克思主义思想中的内容之一，是中国特色社
会主义理论体系的重要组成部分。它强调个人的自由全面发展是社会进步和人
类文明发展的基础，也是每个人实现自我价值、实现幸福生活的前提。在这个
过程中，个人的自由全面发展并不是一种抽象的、孤立的追求，而是与社会的
进步、国家的兴盛和集体的福祉密切相关。大学生的自由全面发展，既需要个
人在自我实现的过程中，发挥自主性和创造力，又需要在社会和谐发展的框架
下，充分体现社会责任和集体价值。

在马克思主义人学思想中，人的自由全面发展被看作人类社会的最终目

标。马克思曾指出，人的自由不是一个抽象的自由，而是一个具体的自由，只有在全面发展的过程中，才能实现个人的自由。这意味着个人的自由不只是脱离束缚的自由，更是个人在社会中实现其自身价值的全面自由。这种自由不是单一的物质自由，而是包括政治自由、文化自由、精神自由、社会自由等多重层面的自由。因此，大学生要实现个人的自由全面发展，不仅要具备广泛的知识技能和创新能力，还要具备深厚的文化修养、健全的思想观念和高尚的道德品质。

在实现个人自由全面发展的过程中，大学生的美好生活观起到了至关重要的作用。美好生活观并不是简单的物质追求，它包含着对人生意义的深刻思考、对自我价值的追求和对社会责任的担当。大学生要在追求个人幸福的同时，明确自己对社会、对国家、对他人的责任，才能使自己的自由全面发展融入国家和社会的建设中，最终实现自我与社会的和谐统一。

（一）自由全面发展是新时代大学生美好生活的内在要求

大学生作为新时代的群体，其美好生活观的培育，必须立足个人自由全面发展的理念。自由全面发展的理念是社会发展和时代进步的根本要求。对于大学生来说，自由全面发展不仅是追求个人幸福的动力源泉，也是实现社会责任与自我价值的重要途径。

首先，大学生的自由全面发展需要在精神和物质层面都得到实现。在物质层面，大学生应具备一定的经济基础，以确保他们能够追求更高层次的精神需求和自我实现。而在精神层面，大学生的自由全面发展不仅仅是知识的积累，还包括思想观念的提升、价值观的更新以及道德品质的培养。通过全面发展，大学生不仅要在学业上取得成就，还要在思维方式、社会认知和创新能力等方面获得充分的成长。这样的自由全面发展，将为大学生提供更为广阔的发展空间，助力他们不断追求更高的人生理想。

其次，自由全面发展的内涵也体现在个人的社会责任感和自我实现的双重维度中。大学生的自由发展不仅仅是为了个人的利益，而且应当与社会进步和国家复兴相结合。在这一过程中，大学生的个人理想和社会理想的结合，体现了自由发展的真正价值。例如，在参与社会公益活动、志愿服务项目等方面，大学生能够将自身的自由发展与社会责任相结合，在追求个人自由的同时，也能为社会进步贡献力量，从而实现自我价值的最大化。

自由全面发展还体现在个体的创新精神与实践能力的提升上。自由全面发展并非被动地接受外部环境，而是通过不断的自我反思和实践去推动自身的成长。因此，大学生需要树立创新意识，在学术研究、社会实践、文化创新等方面充分发挥个人的创造力和主动性，从而为社会进步和国家发展贡献独特的力量。

(二) 自由全面发展是新时代中国特色社会主义发展的必然要求

实现人的自由全面发展是中国特色社会主义理论体系的重要组成部分，是我国社会发展的根本目标之一。在新时代背景下，中国特色社会主义事业的不断推进，也为大学生实现自由全面发展提供了更为宽广的舞台。通过加强中国特色社会主义事业的建设，推动国家全面发展，大学生在实现自我自由全面发展的过程中，也能够为国家的复兴、民族的振兴贡献自己的力量。

首先，自由全面发展的实现离不开社会环境的支持。在新时代的中国特色社会主义事业中，国家的稳定与繁荣为大学生提供了更为广阔的发展空间。在经济快速发展的背景下，大学生能够在物质条件上获得更多的保障，从而将更多的精力投入精神和思想上的自由发展。国家在加强文化建设、加强法治建设等方面所取得的成就，为大学生提供了更为宽松和自由的社会环境，使其能够在自由全面发展的过程中充分发挥自己的潜力。

其次，在新时代中国特色社会主义的框架下，大学生的自由全面发展还离不开社会主义核心价值观的引领。大学生作为中国特色社会主义事业的接班人，其自由全面发展的过程，必须以社会主义核心价值观为指导。社会主义核心价值观强调个人与集体、自由与责任的统一，要求大学生在实现个人自由的同时，承担起相应的社会责任。因此，大学生应当明确自己的社会责任，将个人理想与社会理想结合，追求自我实现的同时，为社会主义和谐社会的建设贡献力量。

国家的发展为大学生提供了更为广阔的发展空间和更多的机遇。随着科技创新、社会变革以及全球化进程的加快，大学生的自由全面发展不仅仅局限于国内发展，更大的国际视野和更多的机会也为大学生提供了丰富的资源。在新时代中国特色社会主义的发展过程中，大学生应当积极融入国家发展大局，不断提升自身的综合素质和实践能力，利用国家提供的机遇实现自我价值，推动国家和社会的发展。

(三)自由全面发展是大学生实现自我价值的根本途径

对于大学生而言,自由全面发展的最重要体现就是自我价值的实现。自由全面发展的过程,实际上是个体通过不断的自我追求与努力,达成实现自我价值的过程。对于大学生来说,自我价值的实现不仅仅是职业上的成功,更多的是个人全面素质的提升、精神境界的升华以及对社会、国家、人民的贡献。

首先,大学生的自我价值实现需要在知识和能力的全面发展中得到体现。在大学阶段,大学生应通过学术知识的学习与创新能力的培养,树立自己的综合素质和专业能力。这一过程中,大学生不仅要努力掌握专业知识,还应加强创新能力、实践能力、沟通能力等多方面的素质培养。在这一过程中,大学生要不断超越自我,突破知识的局限,拓展自己的视野与思维,促进自我能力的全面发展。

其次,自我价值的实现也体现在个人品格的塑造和社会责任感的增强中。大学生要在追求个人发展的过程中,注重道德修养和品格的提升,努力成为具有社会责任感、担当精神和创新精神的新时代人才。例如,在大学期间,学生可以通过参与志愿服务、社会实践等活动,增强自己的社会责任感,培养为人民服务的意识。只有通过不断提升自身的综合素质和社会责任感,大学生才能实现自我价值,成为具有社会贡献的公民。

自我价值的实现还需通过个人与社会的双向互动来完成。在实现自我价值的过程中,大学生不仅要不断追求个人成长和自我实现,还要积极参与到社会的建设和发展中,为社会贡献自己的智慧与力量。在这一过程中,大学生能够通过实践活动,直接参与社会事务,推动社会进步,同时获得自我实现的满足感,最终实现自由全面发展的目标。

大学生美好生活观的培育是一个多维度的复杂过程,而实现人的自由全面发展,则是这一过程的核心。在新时代中国特色社会主义的框架下,大学生的自由全面发展不仅仅是个人的追求,它还与国家发展、民族复兴以及社会和谐密切相关。大学生应通过思想政治教育、文化修养、创新实践等多方面的努力,不断提升自我素质,推动自我价值的实现,从而为社会、国家以及世界的共同进步贡献力量。

二、推动大学生自由全面发展的基本路径

实现人的自由全面发展，是大学生美好生活观培育的核心内容之一。在社会主义现代化建设和全面推进中国特色社会主义伟大事业的过程中，大学生的自由全面发展不仅是个人追求幸福的内在动力，也是推动社会进步与国家强盛的重要力量。为了实现这一目标，学校、社会以及家庭应当通力合作，创造有利的环境与条件，帮助大学生提升综合素质，推动其在思想、知识、能力、人格等多个方面的全面发展。

如何在新时代背景下有效推动大学生的自由全面发展，关键在于通过教育引导、实践锻炼、文化传承等多方面的措施，为大学生提供全面发展的平台和机会，使其不仅能够在物质条件上得到保障，还能在思想、文化、情感和社会责任感等精神层面得到全面提升。具体来说，可以从以下几个方面着手，帮助大学生实现自由全面发展的目标。

(一) 加强价值引领

思想政治教育是推动大学生实现自由全面发展的重要基础。只有在思想和价值观上得到正确引导，大学生才能形成健康的世界观、人生观、价值观，并将这些观念内化为自觉行动，真正实现个人的自由全面发展。思想政治教育不仅要注重思想理论的灌输，更应注重学生个性的激发、创新精神的培养以及社会责任感的强化。

首先，学校应当加强社会主义核心价值观的教育，让大学生树立正确的价值观和人生观。社会主义核心价值观中的富强、民主、文明、和谐等理念，能够帮助大学生理解个体与集体、自由与责任、个人成长与社会进步之间的关系，形成为国家和民族贡献力量的使命感。同时，社会主义核心价值观强调个人与社会的共同发展，大学生的自由发展应与社会责任相结合，只有通过为社会创造价值、实现个人与集体的双重利益，才能实现自我价值的最大化。

其次，大学生的思想政治教育应更加注重创新精神的培养。在新时代背景下，创新已经成为社会发展的核心驱动力。学校应当通过课程教学、科技创新实践、创意大赛等途径，激发大学生的创新潜能，培养他们批判性思维和解决复杂问题的能力。大学生在接受理论教育的同时，应当通过参与各类实践活动，锤炼自身的实践能力，培养创造性思维和创新能力，推动自我全面发展。

此外，思想政治教育还要注重增强大学生的社会责任感和担当精神。自由全面发展的实现离不开大学生对社会的关注和贡献。大学生应当意识到，个人的自由和幸福不仅仅源于自我实现，还源于对他人和社会的关爱。学校可以通过社会实践、志愿服务等活动，让大学生走进社会、了解社会问题、参与社会建设，培养他们的社会责任感和集体主义精神，从而更好地服务社会，实现自我价值。

(二)注重实践教育

实践教育是推动大学生实现自由全面发展的重要途径。大学生只有在实践中积累经验、锻炼能力，才能真正实现自我成长和价值的提升。因此，大学生应积极参与到各类实践活动中，通过社会实践、志愿服务、企业实习等方式，提升自己的实践能力、领导能力和团队合作能力。

首先，学校应当注重实践教育与课程教学的结合，为大学生提供丰富的实践平台。例如，可以通过组织学生参与社会调研、暑期实践、公益项目等活动，帮助学生了解社会问题，深入基层，提升其社会责任感和实际操作能力。在这些活动中，大学生不仅可以学习到实践经验，还能够锻炼解决问题的能力，提高自我认识，增强自主学习和创新能力。

其次，大学生应通过职业实习、创业实践等途径提升自己的职业素养。在进入社会之前，大学生通过参与行业实习，能够全面了解所在行业的实际情况，掌握行业内的专业技能，为进入职场做好充分准备。此外，学校还应鼓励大学生参加创新创业活动，激发他们的创业热情，培养他们的实践能力和创造力。通过创业实践，大学生能够在实际操作中发现问题、解决问题，积累宝贵的社会经验，为自己日后的职业发展奠定坚实的基础。

再次，学校应当为大学生提供更多的社会服务机会，帮助他们将个人理想与社会需求相结合。通过参与志愿者服务、公益活动等，大学生可以更好地理解社会责任，并通过亲身实践践行社会价值。这些实践活动不仅增强大学生的社会责任感，还能够激发他们在未来职业生涯中为社会做出贡献的愿望，使其在人生发展中更加注重社会影响和社会责任。

(三)提升文化素养

文化素养是大学生实现自由全面发展的重要方面。人的全面发展不仅仅是知识和技能的提升,更是人文精神、文化认同和思想境界的不断升华。大学生的文化认同决定了其自我发展和社会参与的方向,而丰富的人文素养则为其实现个人自由和社会责任提供了深厚的支撑。

首先,学校应加强中华优秀传统文化的教育,使大学生在认同和理解本国传统文化的基础上,培养其文化自信和民族自豪感。中华优秀传统文化蕴含着丰富的人文精神和道德伦理,是实现个人全面发展的重要资源。大学生应通过系统的学习,深入了解中华文化的历史渊源和思想精髓,提升其文化认同和精神境界。同时,学校可以通过组织文化活动、举办文化讲座等形式,增强学生对传统文化的感知,使他们在现代社会中保持对传统文化的尊重与传承。

其次,学校应当加强国际视野的培养,使大学生能够理解并融入全球化的文化背景。在多元化的文化交流中,大学生不仅能够认识到自身文化的独特性和价值,还能从其他文化中汲取营养,促进自身的全面发展。大学生应通过国际交流、海外留学、外语学习等途径,拓展自己的国际视野,了解不同文化之间的交流与碰撞,从而提升自己的人文素养,增强跨文化交流与合作的能力。

此外,学校还应鼓励大学生积极参与文艺活动,提升其审美能力和创新能力。通过参与文学创作、艺术表演、音乐舞蹈等多种文化活动,大学生可以进一步丰富自己的精神世界,提升艺术修养。艺术和文化活动能够激发学生的创造力,帮助其在人生的各个方面实现更加全面的自我表达和自我实现。

(四)关注心理健康

心理健康教育是大学生实现自由全面发展的另一重要方面。随着社会节奏的加快和竞争的日益激烈,大学生面临的心理压力和情感问题也逐渐增加。如果大学生不能够有效管理自身的压力与情感,他们将无法顺利实现自我全面发展,甚至可能陷入焦虑、抑郁等情绪困扰。因此,学校应加强大学生心理健康教育,帮助他们提高心理素质,培养健康的情感管理能力。

首先,学校应通过开设心理健康课程、开展心理辅导服务等形式,帮助大学生了解心理健康的重要性,并掌握调节情绪、应对压力的有效方法。心理健康教育不仅要关注学生的个体情绪,还应注重帮助学生建立积极的人际关系和良好的情感表达能力。学校应鼓励大学生积极参与心理素质拓展训练、情感沟通与管理的专题活动,提高他们的情感认知和情感调节能力。

其次,学校应提供心理支持服务,帮助大学生应对生活中的各种心理困惑与挑战。无论是学业压力、就业压力，还是个人情感问题，大学生都可能在成长过程中面临诸多心理困扰。学校可以通过开设心理咨询热线、建立心理辅导团队等方式，为学生提供专业的心理支持，帮助他们疏解压力，增强自我调节和自我认知能力。

学校应鼓励大学生通过团队合作、社会实践等方式，建立健康的人际关系网络。在集体活动中，大学生能够通过与他人的交流与合作，增强自信心、沟通能力和协作精神，从而促进其心理素质的全面提升。

大学生的自由全面发展是实现个人美好生活观的重要基础，也是社会和谐与国家复兴的关键力量。为了促进大学生自由全面的发展，学校、家庭、社会等各方面需要齐心协力，为大学生提供全方位的支持与引导。通过思想政治教育、社会实践、文化认同、心理健康教育等多维度的培养，大学生能够实现全面素质的提升，进一步推动自我价值的实现，为社会主义和谐社会的建设贡献力量。

第七章

新时代大学生美好生活观培育的路径

　　美好生活观是新时代大学生的重要价值取向和行为准则，是大学生培育和践行社会主义核心价值观的重要内容。从理论层面来看，美好生活观包括物质生活、精神生活、生态生活三个维度。从现实层面来看，如果大学生在物质生活、精神生活、生态生活三个维度的美好生活观发展不均衡，则会导致美好生活观出现一定程度的偏差。为帮助大学生形成正确的美好生活观，高校应以思政课程建设为平台，夯实新时代大学生美好生活观培育的价值引领；以课程思政建设为抓手，加强新时代大学生美好生活观培育的思想引领；以校园文化建设为载体，实现新时代大学生美好生活观培育的文化引领；以社会实践活动为支撑，强化新时代大学生美好生活观培育的实践引领。

第一节　以思政课程建设为平台夯实新时代大学生美好生活观培育的价值引领

　　高校思想政治教育是全面提高大学生综合素质的基础性工作，要充分发挥思想政治理论课教学主渠道作用，是大学生美好生活观培育的主阵地，要想切实增强思政课程建设的针对性和实效性，必须进一步加强高校思想政治教育，思政课程应将大学生美好生活观培育纳入其中，推动思政课程与大学生美好生活观培育的协同发展，引导学生树立正确的世界观、人生观、价值观，把个人理想与国家需要结合起来，把个人的奋斗目标与社会需求结合起来，在实践中培育美好生活观。高校要以习近平新时代中国特色社会主义思想为指导，按照立德树人根本任务，以培养担当民族复兴大任的时代新人为着眼点，大力推进思政课程与课程思政建设。充分发挥思政课教学主渠道作用，促进思政课教师、辅导员、班主任等全员育人、全方位育人；并不断深化课程思政建设改革，推动思想政治教育与专业教育深度融合；将美好生活观教育融入教育教学全过程。

（一）以美好生活为切入点，激发大学生对美好生活的情感共鸣

美好生活既是人们对物质生活条件的追求，更是对精神生活的追求。要想真正实现大学生对美好生活的向往，必须进一步激发他们对美好生活的情感共鸣。为此，高校思政课教师可以结合当下大学生群体存在的问题展开相关教学活动，使其在潜移默化中受到教育。

一方面，我们应当鼓励大学生积极地对自身的成长历程进行深刻的思考与回顾，深入挖掘自己在人生旅途中所经历的困难与挑战。这不仅仅是对自己过去行为的审视，更是对个人成长路径的一种全面剖析。通过这种自我反省，就能够更加清晰地认识到自己的优势与不足，从而为未来的学习和生活奠定坚实的基础。同时也能够促进他们形成积极的心态，面对挑战时更加从容不迫，不断提升自我。

另一方面，要充分挖掘优秀传统文化资源中关于美好生活的内涵和价值理念，从这些优秀传统文化资源中汲取营养、汲取智慧。与此同时，还要结合当前社会发展实际情况和大学生群体实际需求，充分发挥高校思政课教师在大学生美好生活观培育中的重要作用，引导大学生正确认识个人理想与社会理想、远大抱负与脚踏实地、物质追求与精神追求之间的关系。

（二）以教学设计为切入点，深挖大学生对美好生活的需求和期望的教学内容

首先，在进行教学设计时，我们必须认识到，要不断地深化大学生对美好生活观的理解是至关重要的。高校思政课教师在日常授课过程中，应当深入细致地分析大学生对于美好生活概念的理解与实际生活之间存在的差距，以及这些差距产生的原因。通过这样的深入研究，他们可以更好地把握学生的需求和期望，从而设计出更为有效和有针对性的教学活动。可以帮助学生提升对美好生活的认知水平，还能培养他们成为具有社会责任感和实践能力的现代公民。

其次，要完善课程内容和教学体系。高校思政课教师应根据自身所教授的专业领域和学生群体特点进行教学内容设计。同时，为了更好地满足学生在思想政治方面的需求，思政课教师还要及时更新教学内容。此外，思政课教师还要充分挖掘与美好生活相关的思想政治教育资源，积极开展线上线下相结合的思政课程教学活动。

最后，要充分发挥思想政治理论课教师在大学生美好生活观培育中的重要作用。一方面，高校思政课教师要加强理论学习，不断提高自身思想政治理论水平和综合素养；另一方面，高校思政课教师要积极引导大学生树立正确的价值取向和生活方式。思政课教师在日常教学中要结合自身所教授课程内容不断充实思政课程教学内容和教学方法。除此之外，还要积极引导大学生从自身做起、从点滴做起，自觉践行社会主义核心价值观。只有这样，才能从根本上增强大学生对美好生活的获得感、满足感和幸福感。

(三) 以中华优秀传统文化为切入点，增强大学生对美好生活的理想追求

中华民族的悠久历史是厚重的文化积淀，蕴含着丰富的精神财富，不仅包含着中华民族最基本的生活理想和价值理念，更是新时代中国特色社会主义发展道路的重要精神支撑。思政课教师肩负着传承和弘扬中华优秀传统文化的重要使命。他们必须深入挖掘其中关于构建美好生活的深刻内涵，以及它所蕴含着的丰富价值理念。通过这些理念，可以引导学生对我国博大精深、源远流长的传统文化有更深层次的理解与认同。

具体而言，可以引导学生领悟"天行健，君子以自强不息"这句古语所传达出的坚韧不拔、奋发向上的人生态度。同时，"地势坤，君子以厚德载物"告诉我们要拥有宽广的胸怀和深厚的德行来承载万物，培养学生的社会责任感和人文关怀精神。再者，"生于忧患，死于安乐"这一哲理启示我们在逆境中成长，而在安乐中找到满足感，这种平衡的生活哲学能够帮助学生树立正确的人生观和价值观。还可以借助历史上的重大事件和人物，如孟子"天将降大任于是人也"的论述，以及范仲淹的"先天下之忧而忧，后天下之乐而乐"的思想，向学生展示在面对困难和挑战时，如何展现一个君子的风范和担当。这些生动鲜活的例子，不仅传授了知识，更是在潜移默化中教会学生如何成为一个具有高尚品德和健全人格的人。

除此之外，还应当深入挖掘和弘扬中华优秀传统文化中的精髓，将其精髓

与当代社会的发展需求紧密融合。这不仅仅是对历史的回顾,更是对未来的展望。我们要把爱国主义精神作为一种强大的精神力量,与现代社会的实际问题相结合,激发大学生的爱国热情,引导他们在追求个人理想的同时,也为社会的进步贡献自己的力量。

与此同时,还要引导大学生深刻理解理想的内涵,包括个人的志向与社会责任之间的联系、宏伟目标与踏实工作之间的平衡、物质生活与精神生活的和谐共存。通过这样的教育实践,帮助青年大学生一代建立起正确的世界观、人生观和价值观。

在这个过程中,学校、家庭以及社会各界都应该发挥作用,共同营造一个有利于青年大学生成长的环境。通过理论学习与实践活动的有机结合,使他们能够全面地了解中华文化的深厚底蕴,同时又能掌握解决当前社会问题所需的现代知识和技能。

(四)以社会现实问题为切入点,引发大学生对美好生活的主体认同

高校思政课教师不仅是知识传授者,更是价值观引导者和思想教育者。面对层出不穷的现实问题,教师们必须深入分析这些问题背后的深层次原因,这样才能引导大学生以批判性思维来审视这些现象。通过这种方式,大学生能够学会从实际出发,积极地参与到解决社会问题的行动中去,而不仅仅停留在理论学习层面上。

在当前的大学生群体里,我们不难发现一些负面思想,比如"拜金主义"和"享乐主义",这些思想往往侵蚀着年轻人的心灵,影响他们对生活质量的追求。当大学生对美好生活的渴望并不强烈时,这就要求思政课教师采取更为有效的教学策略,激发学生内心深处对理想生活的向往和追求。

为此,思政课教师需要不断创新教育手段和方法,将思政课与大学生的实际需求相结合,打造出一种既有深度又有温度的教育模式。这种模式应当鼓励学生们参与讨论、调查研究,甚至是社区服务等实践活动,使他们在亲身经历中感受到生活质量的重要性,从而深化他们对美好生活的认知和追求。通过这样的教学过程,不仅能够帮助大学生树立正确的世界观、人生观和价值观,还能够培养他们成为有责任感、有担当的新时代青年。

在当前社会环境中,大学生的成长和发展受到了广泛关注。为了更好地理解社会发展的趋势与挑战,我们有必要采取多元化的教育方式来引导他们深入

了解社会现实。一方面,我们可以通过引导学生阅读大量的书籍资料,包括社会科学、历史哲学以及科技前沿等领域的著作,这些书籍可以帮助学生构建起对社会宏观结构的认识。同时,鼓励大学生通过观看各种新闻资讯节目,如电视新闻节目、网络直播以及专业学术讲座等形式,来获取即时而全面的时事热点信息,从而使他们能够紧跟时代步伐,对国家大事、国际形势有一个基本的判断和认知。

另一方面,我们还需要结合大学生的个人特点和兴趣爱好,开展一系列的实践活动,以激发并深化他们对美好生活的向往和追求。例如,学校可以组织学生走出校园,走进社区,参与到志愿活动之中,如组织他们到社区中心为老年人提供日常陪伴服务,或者去偏远地区进行支教活动,这样的实践经历可以让学生们亲身体验到社会服务的重要性和温情。此外,学校还可以安排学生深入基层,进行实地调研工作,通过收集第一手数据,了解大学生群体在学业、生活以及情感层面所面临的问题和挑战,进而有针对性地提出解决方案或改进建议。

更进一步,学校也可以动员大学生参与到各种公益志愿服务活动中去,如环保宣传、植树造林、关爱特殊群体等,这些公益活动不仅能让他们在行动上有所体现,更重要的是让他们在心灵深处感受到帮助他人带来的快乐和满足感。通过这些丰富多彩的实践活动,大学生不仅能够提升自己的社会责任感,而且能够深刻体会到美好生活不仅仅是物质上的丰富,更是精神上的富足和自我价值实现的过程。

(五)以理想信念教育为切入点,强化大学生对美好生活的精神追求

理想信念不仅是我们精神世界的灯塔,照亮着人生旅途中的每一步,而且它还深刻地塑造了人们的世界观和人生观。在高等教育阶段,尤其是在思想政治教育课程中,教师们肩负着培育大学生对美好生活的理解和追求的重任。他们通过各种教学活动、讨论与实践机会,努力启发学生去树立起正确而坚定的理想信念,使之成为激励自己不断前进的动力源泉。这种以理想信念为核心的教育,旨在帮助学生建立起积极向上的精神面貌,促进他们全面发展,成为具有社会责任感和历史使命感的新时代青年。

当今时代,我们必须深刻理解并积极引导大学生树立正确的理想信念,这是培养他们成为合格社会栋梁的关键所在。一个人的理想信念不仅决定了他的

价值取向和行为准则，而且也是其生命活力和动力源泉。只有当大学生明确了正确的方向和目标，他们才能在复杂多变的世界中找到自己的位置，更有效地实现个人的潜能与价值。

同时，对于这些未来的领导者和建设者，我们还需要系统地进行科学的理想信念教育。这要求思政课教师在思想政治理论课中，不只是传授知识，更重要的是要将这些理论知识与习近平新时代中国特色社会主义思想相结合，让学生们能够透彻理解其深邃内涵。通过深入探讨和实践，让他们能够在现实生活中更好地把握中国特色社会主义事业发展的脉络，从而为实现中华民族伟大复兴贡献自己的青春力量。

此外，为了确保理想信念教育的实效性，我们还需不断深化大学生对马克思主义理论和中国特色社会主义理论体系的学习。马克思主义是一种科学世界观和方法论，它指导人们正确认识世界和改造世界。而中国特色社会主义理论体系则是对社会主义建设规律的深刻总结，它为我们指明了前进的道路和方向。通过这些理论知识的学习，他们就能够拥有更为广阔的视野和更为高远的志向。

（六）以劳动教育为切入点，引导大学生践行社会主义核心价值观

劳动是创造美好生活的重要途径，劳动创造了美好生活，只有充分发挥劳动创造美好生活的价值，才能不断提高大学生美好生活观培育的实效性。在现实中，有部分大学生不尊重劳动、不珍惜劳动成果，养成了一些不良习惯。例如：在日常学习中不认真听讲、在宿舍里乱扔垃圾、不遵守学校规章制度等。这些不良习惯不仅破坏了校园环境卫生，还影响了文明校园的建设，阻碍了学生美好生活观的形成。

高校思政课教师要坚持以劳动为切入点，积极引导大学生践行社会主义核心价值观。首先，高校思政课教师要深刻认识到劳动对美好生活的重要作用，在日常教学中要注意引导大学生树立正确的劳动观念和热爱劳动的习惯。其次，高校思政课教师还要结合当前大学生存在的不良生活习惯积极开展有针对性的教育活动。例如在日常教学中，可以组织大学生参加公益活动，参加社会实践活动等。最后，高校思政课教师还要将社会主义核心价值观与美好生活观教育相结合。一方面，高校思政课教师要积极引导大学生将社会主义核心价值观融入自己的学习生活中；另一方面，高校思政课教师还要将社会主义核心价

值观融入日常教学中。通过这种方式不仅能够提高大学生对社会主义核心价值观的认知水平，而且还能够让学生真正明白只有尊重劳动、珍惜劳动成果才能创造美好生活。

（七）以合作为切入点，促进大学生形成和谐美好的人际关系

随着社会经济的飞速发展，人们的生活方式也随之发生了翻天覆地的变化。在这样一个充满变革的时代背景下，当代大学生的生活环境和交往方式与以往相比，已经有了显著的不同。这些变化带来了新的机遇和挑战，尤其是在人际交往方面，许多大学生面临着一系列新情况和新问题。

众所周知，传统的生活方式、习惯和家庭环境对个人的人际交往模式有着深远的影响。这种影响有时甚至会成为阻碍个人成长的绊脚石。在现实生活中，有些大学生因为受到这些因素的限制，在社会交往中可能会遇到一些困难，例如不善于表达自己、不懂得如何有效地沟通等问题，这就导致他们的人际关系可能会出现不和谐或不美好的情况。针对这一现状，思政课应当发挥其独特的作用。它不仅是传授知识的平台，更是引导学生形成正确人际交往观念的重要途径。因此，思政课教师应该抓住合作这一核心概念，通过开展一系列与合作相关的教育活动，来启发学生认识到合作的重要性。

具体而言，思政课教师可以组织一系列的主题活动，如团队建设活动、小组展示竞赛等，让学生在参与中学习如何与他人合作。通过这样的实践活动，学生能够在学习和生活的各个场景中学会与他人建立合作关系，从而提升他们的社交技巧和人际交往能力。

此外，思政课教师还应该充分运用现代教育资源和手段，如网络资源、案例分析、角色扮演等，以多样化的形式引导学生在交往中形成积极的合作意识。通过这些互动的教育手段，可以帮助他们树立正确的合作观，并养成良好的合作习惯。

总而言之，通过合作这个切入点，思政课不仅能够帮助大学生建立起良好的人际关系，还能促进他们形成正确的、美好的人际交往观念。这对于学生未来的个人发展和社会融入都将产生深远的影响。随着时间的推移，当学生离开校园走向社会时，就会发现自己拥有了更加丰富的人际关系网，这将为他们的职业生涯和人生道路奠定坚实的基础。

(八)以奉献为切入点,鼓励大学生积极参与社会服务活动

当前,我国社会主要矛盾已经转化为人民日益增长的美好生活需要和不平衡不充分的发展之间的矛盾。因此,在新时代,大学生更要坚持奉献的价值理念,以实际行动积极参与到社会服务活动中来,并不断提升自己对美好生活的追求。

首先,大学生应当把投身志愿服务作为一项重要的社会责任。在这个知识爆炸、信息飞速更新的时代,我们的大学生不仅要在校园内刻苦学习专业课程,掌握扎实的专业知识,更要广泛涉猎马克思主义理论和其他各种文化知识,以提升自身的思想政治素质和文化素养。

此外,大学生还可以基于自身知识储备,自觉地将所学到的这些宝贵资源运用到社会实践中,通过实际行动为广大人民群众提供更加优质的服务。此外,他们还可以运用自己的创新思维,解决社会生活中遇到的各种难题。

除了专业知识的应用外,大学生还应当拓宽视野,积极参与各种公益活动。无论是环境保护、社区服务还是教育支援,都是展现自我价值、培养社会责任感的重要途径。通过这些活动,可以不断提高自己对构建和谐美好生活的认识和理解,深化对社会问题的认知和思考。

总之,只有当每一位大学生能够深刻领会并实践"奉献青春、服务社会"的理念时,他们才能真正成为新时代的弄潮儿,用自己的实际行动诠释新时代大学生的价值观念,展现出当代大学生积极向上的精神风貌。

第二节 以课程思政建设为抓手加强新时代大学生美好 生活观培育的思想引领

美好生活观是新时代对大学生提出的更高要求,是培养担当民族复兴大任时代新人的必然要求。高校思想政治教育是立德树人的关键环节,大学生美好生活观的培育不能脱离思想政治教育的轨道,需要思想政治教育发挥主导作用。课程思政建设是加强新时代大学生美好生活观培育的有效途径,也是高校思想政治教育工作的重要组成部分,我们要以习近平总书记关于教育的重要论述为指导,充分发挥课堂教学主渠道作用,推进课程思政建设与学生美好生活

观培育有机结合，以课程思政建设为抓手，将思想政治教育贯穿于所有课程中，从而实现各类课程与思想政治理论课同向同行。在美好生活观培育过程中，教师要以课程为载体，将理论知识、道德情操、价值理念等融入各个教学环节中，做到潜移默化、润物无声，引导学生在学习知识和掌握技能的过程中培育美好生活观，让他们在实践中获得美好生活体验。

（一）在思政课教学中充分挖掘各类课程的思政元素

思政课作为高校思想政治教育的主阵地，教师要充分挖掘各类课程所蕴含的思政元素，将思政课与其他课程相结合，将思想政治教育融入各类课程中去，从而实现各类课程与思政课同向同行。目前，许多高校已经开始对思政课程和专业课程进行了改革。例如有些高校将"以文化人""以美育人"作为学校特色办学的重要举措，还有部分高校开始探索创新思想政治理论课教学模式和教学方法，以提升思政课的吸引力和实效性。高校思想政治理论课作为主渠道，肩负着重要的育人使命。因此，在新时代背景下加强高校思想政治理论课教学改革势在必行。在高校思想政治理论课的教学中，教师要充分挖掘各类课程所蕴含的思政元素，实现课程内容与思政内容的有机统一；要将理论知识、道德情操、价值理念等融入各类课程中去，在具体教学过程中运用多种教学方法将思政教育与课程知识相结合；同时要注重理论知识与实践相结合，将理论知识运用到实践中去，引导学生在社会生活中学习和成长。

一方面，高校必须把培育和践行社会主义核心价值观贯穿于教育教学的每一个环节之中。这意味着，在课程设计、师资培训以及校园文化建设等方面，都要努力使社会主义核心价值观得到充分体现和弘扬。通过这样的方式，高校可以引导学生树立正确的世界观、人生观与价值观，帮助他们成为具有高度社会责任感和历史使命感的现代公民。

另一方面，高校还应不断强化师资队伍建设，尤其是在师德师风方面。高校应充分认识到教师在教育过程中的核心作用，并且重视将教师主导地位落到实处。除此之外，高校必须坚持"课程思政"这一重要战略举措，深入挖掘课程内容与思想政治教育之间的内在联系，将"课程思政"理念与培养大学生树立正确人生观和世界观紧密结合。具体而言，通过"课程思政"的实施，可以将思想政治教育贯穿于专业教学的每一个环节。教师不仅要在课堂上传授知识，还要通过各种教学活动和讨论机会，引导和规范学生的思想行为，使其接受社会主义核心价值观的深刻熏陶。这样做不仅有助于学生形成科学的世界观、人生观和价值观，还为他们未来的发展奠定坚实的基础。在进行课程思政的过程中，教师应该努力挖掘每一门课程所包含的思政元素，比如历史课上的民族精神、语文课上的人文情怀等。只有当这些元素得到充分展现时，思政教育才能与其他学科的知识教育达到有机融合，实现真正意义上的互补共赢。这样的教学模式能够为学生提供一个更为丰富、立体的学习环境，使他们能够在掌握学科知识的同时，更好地理解和吸收思政课所传递的深刻信息，进而成为一个具有高度文化自信、道德品质高尚、科学素养扎实的现代公民。

此外，课堂教学作为教育的主渠道，应发挥出它应有的作用。我们可以通过精心设计的课程内容和生动有趣的教学方法，从而有效地吸引学生的注意力，激发他们对知识的渴望和对美好生活的向往。教师应考虑充分运用各种策略，比如案例分析、小组讨论、角色扮演等，来提升课堂的互动性和参与度，以确保学生能够在享受学习乐趣的同时，得到思想政治教育的熏陶。

总之，高校需要加强教师队伍的师德师风建设，努力营造一个有利于教师积极履行职责、促进学生全面发展的良好环境。只有这样，才能真正实现"课程思政"的目标，培养出既具备专业知识又有高尚道德品质的新时代人才。

此外，思政课程的重要性也不言而喻。思政课教师在授课过程中，不应局限于传统的教学模式，而应该积极探索思政课与不同学科之间的潜在联系和互动。通过这种跨学科的教学方式，可以有效地将思政课的理论内容与哲学、经济学、社会学、政治学等多个领域相结合，从而拓宽学生的知识视野，提高他们解决实际问题的能力。

具体来说，教师可以将中国特色社会主义理论体系中的核心思想融入哲学的思辨之中，用经济学的视角来分析经济现象，运用社会学的方法去探究社会结构与行为，以政治学的角度来解读政治活动。这样，学生不仅能够理解这些理论的深刻含义，而且还能学会如何将其应用到自己的生活实践中，指导自己做出更加理性和负责任的决策。

更为重要的是，这种教学模式有助于学生建立起正确的世界观、人生观和价值观。通过对思政课程的学习，大学生可以明白什么是社会主义核心价值观，以及如何在日常生活中践行这些价值观。这不仅能够帮助他们成为有责任感的公民，而且还能够促进他们形成积极向上的人生态度和远大的理想追求。

（二）将思想政治教育与专业课程进行有机结合

在当今这个飞速发展的时代，高校思想政治工作的重要性日益凸显。它不仅是党和国家事业繁荣发展的关键所在，更是中国特色社会主义事业光明未来的重要基石。因此，我们必须坚定不移地贯彻以立德树人为根本任务的教育方针，不断加强和改进思想政治教学工作，以培养出具有高度社会责任感、扎实专业知识、高尚道德情操和创新能力的社会主义建设者和接班人。

当前，课程思政建设已经成为高校思想政治教育中不可或缺的一环。这不仅仅是一种课程设置的转变，还是一种对传统教育模式的全面革新。在这个过程中，课堂教学不再是孤立存在的，而应该与实践活动、校园文化等其他育人途径紧密结合起来。通过这样的融合，可以更好地发挥思政教育的引导作用，帮助学生形成正确的世界观、人生观和价值观，从而在他们追求知识和技能的征途上，培育出积极向上的生活态度和价值观念。

在具体实施中，高校需要根据学生的实际情况和需求，设计多样化的教学内容和方法，使之既符合专业教育的要求，又能够有效地渗透思想政治教育元素。教师们应充分利用课堂内外的资源，将理论与实践相结合，用生动的案例、丰富的形式和互动性强的过程来吸引学生的注意力，激发他们的思考和参与热情。同时，也要关注学生在成长过程中遇到的各种问题和挑战，及时给予指导和帮助，确保每位学生都能在思想品德和专业技能方面得到均衡发展，为成为社会主义现代化建设的合格人才打下坚实的基础。

课程思政建设是一项系统工程，需要各专业课程教师的共同努力。在高校思想政治教育工作中，要充分发挥不同学科专业教师的积极性，发挥其在课程思政建设中的重要作用。高校课程思政建设要充分发挥专业特色优势，不断增强大学生美好生活观培育的实效性。以专业课程为依托，将思政元素融入专业课教学过程。例如，在化学专业教学过程中，教师要挖掘化学课程中蕴含的思政元素，引导学生树立正确的价值观和人生观。在具体教学过程中，教师可以结合课程内容开展讨论活动。例如，在讲授与化学相关的课程时，可以让学生了解科学家发现新物质时遇到的困难和解决问题的过程，让学生认识到科学家面对困难时不屈不挠、锲而不舍的精神；通过让学生介绍化学科学在各个领域的应用以及科学家研究新物质的过程，让学生认识到科学家追求真理、无私奉献、勇于创新的精神。教师可以将思政教育融入专业课教学中去，以课堂讨论、情景模拟等多种方式将思政教育与专业课知识相结合。教师要充分发挥不同专业课程教师的协同作用，在教学过程中采用不同的教学方法将思政教育与专业课知识相结合，从而提高学生学习的积极性和主动性。

（三）注重理论知识与实践活动的有机结合

教师不仅要注重理论知识的讲授，还要注重理论与实践的有机结合，突出培养学生创新创业能力、实践动手能力和人文素养，引导学生在实践中学习、成长。实践是检验真理的唯一标准，是马克思主义的基本观点。在思想政治理论课教学中，教师要将理论知识与实践相结合，将所学知识运用到社会实践中去。例如，在"中国近现代史纲要"的教学中，教师可以带领学生参观"改革开放四十周年成就展"，了解我国改革开放以来取得的伟大成就；在"思想道德与法治"教学中，教师可以带领学生参观"革命文物展览""红色文化展览""历史文化名人展览"等，帮助学生从实践中习得真知。此外，还可以在专业课程中融入职业道德、责任担当等思想政治教育元素，引导学生正确认识职业理想与职业责任，提升学生的职业认同感。在社会实践活动中，把社会主义核心价值观教育、爱国主义教育、理想信念教育等融入学生社会实践活动中，帮助学生了解中国特色社会主义进入新时代的历史方位，引导他们在社会实践中增强社会责任感。要积极组织大学生参与国家重大战略任务、重大工程项目、重要科技攻关项目、重点产品研发、重大创新平台建设等各类实践活动，帮助学生在实践中提升美好生活观，感受美好生活的丰富内涵和重要意义。

为了培育新时代大学生的美好生活观，我们必须在他们的理论学习中融入正确的价值观，这不仅仅是一个简单的教学过程，它还要求教育者在向学生传授知识的同时，要更加注重引导他们形成正确的价值观念。

在课程思政的建设中，我们应当将教育引导学生成为社会主义核心价值观的践行者与弘扬中国精神、中国价值、中国力量紧密结合在一起。通过这种有机结合，我们可以有效地培养出能够担当民族复兴大任、引领时代潮流的时代新人。这样的教育合力能够帮助学生构建起对国家和民族未来发展具有深刻认识的观念体系，从而在培育和践行社会主义核心价值观的问题上，可以自觉做到内化于心，外化于行。

为了实现这一目标，我们需要不断深化课程思政，并切实做到将课程思政与改革创新结合起来。这也意味着，我们需要将课堂教学与社会实践紧密地结合起来,确保课堂教学内容与社会实际相符合,理论学习与实践活动相辅相成。这样的融合不是简单的拼凑,而是真正意义上的统一,即理论与实践的统一、知与行的统一。只有这样,学生才能真正理解和掌握所学知识,并在实践中发挥其应有的价值。

(四)构建师生参与的长效机制

在当前高等教育的深化改革浪潮中,高校肩负着培养德才兼备人才的重要使命。为此,加强教师队伍建设,提高其思想政治素养,成为高等教育发展的关键一环。为了实现这一目标,高校需要在课程思政建设上采取多种措施,比如开展教师培训、组织专题研讨和搭建交流平台,从而全面提升教师对课程思政建设的理解与认识。

在实践过程中,教师们需不断总结、反思和完善自己的教学实践,形成具有实效性的长效机制。这样的机制不仅有助于教师个人专业素养的提升,也有利于整个教育体系的可持续发展。

在具体操作层面上,高校可以通过组建专门的教师发展中心,汇集那些拥有丰富教学经验的名师、专家及教授,以及骨干教师,通过言传身教,为青年教师提供宝贵的示范和指导,帮助他们明确课程思政建设的目标、重点和方向,使课程思政理念在日常教学中得以有效融入和体现。

同时,对于专业课程教师来说,高校应积极鼓励他们投身到课程思政建设中去。例如,将专业课程的教学内容与对美好生活的观念教育有机地结合起来,将理论知识与实际生活相结合,这样既可以增强学生的学习兴趣,又能够达到教育的长远目标。

除此之外,高校还应着力加强学生的主体意识和参与感,确保学生成为学习和教育的主体。为此,学校可以通过开展如主题班会、文艺汇演等形式多样的活动,来引导和激励学生。这些活动不仅能够让学生在参与中体验到社会主义核心价值观的魅力,而且还能有效地增强对国家和社会的认知以及归属感。

最后,鼓励学生以志愿服务、公益活动等多样化的方式去践行社会主义核心价值观,是高校教育不可或缺的一部分。通过这些实践性强、覆盖面广的活动,学生不仅能够在服务社会和他人的同时,深化对社会主义核心价值观的认同,还能够在社会实践中得到锻炼和成长。

综上所述,高校教师队伍的建设和加强,高校课程思政理念的深入和推广，高校大学生参与度的提高等，都是推动高等教育质量提升的关键因素，也只有当这些要素协同发挥作用时，才能构建起一个富有成效、教育成果显著的现代高等教育体系。

第三节　以校园文化建设为载体实现新时代大学生美好生活观培育的文化引领

校园文化是大学生成长成才的重要平台。校园文化建设包括物质文化、制度文化和精神文化三个层面，其中精神文化是校园文化建设的灵魂。良好的校园物质环境能够激发大学生学习积极性，有助于大学生形成积极健康的精神追求。校园制度文化是高校开展教育教学活动的依据，是对师生进行日常管理和教育教学活动的规范要求，能够为师生提供有序、规范和谐的工作与学习环境。

美好生活是理想与现实的统一，美好生活观的培育不仅需要在课堂教学中开展，而且需要通过丰富多彩的校园文化活动、社会实践活动和网络新媒体平台等开展，而这些活动的开展都离不开大学生积极主动参与。因此，高校应积极探索和加强新时代大学生美好生活观培育的思想引领，发挥好课堂教学主渠道作用，为培养担当民族复兴大任时代新人提供强有力的支撑和保障，让每一位大学生都能在学习中成长、在实践中进步。

(一)加强物质文化建设，为文化育人提供良好的物质基础

高校要在校园物质环境建设中体现美好生活观，形成良好的育人氛围。首先，要建设与时代发展相适应的校园物质环境。随着经济社会的快速发展，当前我国已全面建成小康社会，正处在实现社会主义现代化强国的历史时期，我们需要在物质生活、精神生活和生态生活三个维度上都有较高水平的发展。高校应把建设美好校园作为学校发展的重要目标之一，大力加强校园基础设施建设，如图书馆、体育场、体育馆、宿舍等配套设施，以满足学生多样化需求。其次，要注重校园制度文化建设。高校要发挥制度文化在校园文化建设中的引领作用，要将美好生活观融入高校规章制度建设中，在学校办学目标、人才培养方案、校园规划等方面都要体现美好生活观相关内容。在校园精神文化建设中

融入美好生活观相关内容可以丰富学生精神生活内容和层次。高校应通过开展丰富多彩的校园文化活动，如组织丰富多彩的文体活动、开展心理健康教育活动、举办各种学术讲座等丰富大学生精神世界。通过开展这些丰富多彩的校园活动，有利于帮助大学生形成积极健康向上的精神追求。

（二）丰富精神文化建设，为文化育人提供良好的精神引领

高校校园文化是学校师生在长期的教育实践中创造和积累起来的具有学校特色的精神文化财富。校园文化建设是高校办学思想、办学目标、办学理念的集中体现，是凝聚人心、塑造品格、提升素质、促进发展的重要途径。高校校园文化建设应当以培养学生美好生活观为目标，以立德树人为根本任务，以社会主义核心价值观为引领，积极发挥校园文化在大学生美好生活观培育中的作用，通过挖掘学校传统文化资源、强化师生道德教育实践活动、丰富校园文化活动等多种途径，着力构建新时代大学生美好生活观培育的校园文化体系，实现社会主义核心价值观在高校校园文化建设中的价值引领。

1. 挖掘学校传统文化资源，帮助大学生树立正确的人生观

高校应充分挖掘学校传统文化资源，积极开展优秀传统文化教育活动，把培育新时代大学生的美好生活观与弘扬中华优秀传统文化结合起来，提升学生的文化品位，帮助他们树立正确的人生观。高校可以在大学生中开展中华优秀传统文化教育，通过讲授国学经典、开展演讲比赛、展示学校传统文化成果等形式，引导大学生继承和弘扬中华优秀传统文化。同时，高校可以充分利用校内人文环境和自然景观中的历史印记，通过历史文物、名人雕像、名人名言等形式来展示学校悠久的历史和深厚的文化底蕴。通过这些丰富多彩的传统文化教育活动，帮助大学生树立正确的人生观，使他们能够自觉抵制腐朽思想和不良风气对自身的影响。

2. 强化师生道德教育实践活动，帮助大学生培养美好生活观

道德教育是校园文化建设的重要内容，也是校园文化建设的灵魂所在。道德教育实践活动是培养新时代大学生美好生活观的重要途径，学校通过组织丰富多彩的道德教育实践活动，可以培养学生树立正确的理想信念、价值观和人生观。通过组织开展丰富多彩的道德实践活动，引导大学生在参与中践行社会主义核心价值观，感受美好生活的幸福和快乐。比如，每年暑假期间，可以组

织学生参加到农村小学支教活动中,让大学生感受到新时代美好生活的艰辛和不易,从而进一步强化学生对美好生活的理解和认识,增强对美好生活的向往与追求。

(1)发挥教师主导作用,促进大学生健康成长

高校教师是高校校园文化的创建者和引领者,承担着培养社会主义事业建设者和接班人的重任。教师要做大学生美好生活观培育的榜样,通过言传身教,以良好的师德风范和人格力量去影响学生,使学生在接受教育过程中不断陶冶情操、健全人格,在潜移默化中形成正确的世界观、人生观和价值观。同时,高校要发挥教师在大学生美好生活观培育中的主导作用,通过开展形式多样的教师培训活动和师德师风教育活动,引导广大教师深入学习贯彻习近平新时代中国特色社会主义思想和党的二十大精神,牢固树立社会主义核心价值观和良好的师德师风,自觉承担起培育、践行大学生美好生活观的历史使命。

(2)发挥学生主体作用,增强实践能力

校园文化是学生在校园生活中所经历的各种活动及与之相关的各种事物的总和。"教育即生活",校园文化建设应充分发挥学生在教育过程中的主体作用,以学生为主体,让学生积极主动地参与到校园文化建设中来,让学生在参与过程中实现自我教育和自我成长。学校可以通过组织学生参加校园文化活动、社区志愿服务活动等形式,让学生在参与校园文化活动的过程中主动接受道德教育,了解美好生活的内涵,自觉养成良好的思想道德行为习惯。

通过组织开展社会实践活动,让大学生了解社会、认识社会,锻炼他们的动手能力、实践能力和创新能力,使他们在实践中不断成长。通过组织开展各类文体活动,培养大学生的审美情趣和人文精神,培养他们的审美能力和对生活的感悟力,帮助他们树立正确的审美观,提高他们对美好生活的向往与追求。

3.丰富校园文化活动,帮助大学生营造良好的学习氛围

大学生的生活方式和生活质量在很大程度上受校园文化的影响。良好的校园文化能够影响大学生对生活的态度,能够为大学生创造出一种积极健康、积极向上、乐观向上的生活氛围。校园文化活动是高校学生的一项重要的课外活动,是培养学生美好生活观的重要途径之一。高校要重视校园文化活动,通过开展丰富多彩、生动活泼的校园文化活动,吸引和凝聚大学生参与到校园文

建设中来。因此高校必须充分发挥校园文化建设的优势，以营造良好的校园文化环境为目标，不断丰富校园文化活动内容和形式。

首先，高校应当深入贯彻社会主义核心价值观的指导思想，积极培育和发展充满正能量、积极向上的校园文化氛围。这不仅需要在校园环境中营造一种尊重知识、崇尚学术的良好风尚，还应通过各种活动，如举办优秀学生代表的专题报告会，让他们分享自己的学习经历和成长故事，以此激励更多的学生努力追求卓越。此外，还可以考虑组织师生之间的交流座谈会，这也是一种有效途径，可以让教师和学生就如何构建一个更加美好的未来进行深入探讨，共同寻找答案。通过这样的方式，高校可以帮助新时代的大学生树立起正确的世界观、人生观和价值观，引导他们争做有理想、敢担当、能吃苦、肯奋斗的新时代好青年。

其次，高校必须坚守以学生为中心的原则，通过各种方式提升学生的参与度，以增强其获得感。与此同时，我们还应当深入研究新时代大学生的独特个性和需求，精心策划并实施一系列既贴近他们日常生活又富有创意的主题活动与社团组织。这些活动不仅要具有吸引力，更重要的是能够激发学生内心的潜能和创造力，让他们在参与中实现自我价值，感受团队合作的力量。通过这样的方式，我们可以鼓励他们积极参与到校园文化的营造过程中，从而在校园内形成一种积极向上、和谐共进的文化氛围，及时地为他们提供一个展示自我、相互学习的成长平台。

再次，高校要深入开展各种校园文化活动，根据自身发展情况和大学生的实际需求来合理设计并开展各种校园文化活动，不断提高新时代大学生对美好生活的认知水平，要始终做到坚持以活动为载体，培养大学生生活技能。要组织开展形式多样、丰富多彩的校园文化活动，提升学生的审美情趣和人文素养。只有通过这些活动来使大学生更加深入地了解美好生活的内涵以及意义，才能使新时代大学生充分感受到自身所处环境以及生活方式所带来的幸福感、满足感和安全感。只有这样，才能使新时代大学生真正形成积极健康、乐观向上的美好生活观。

最后，在深入探讨教育的根本任务时，我们必须认识到高校教育制度建设的重要性。制度不仅是社会规范的基石，更是维护学术自由与创新环境的关键。因此，作为教育工作者，我们应致力于构建一套既符合高等教育目标又能促进学生全面发展的规章制度体系。

其一，高校需要制定严格的行为准则和学术规范，以确保学生的日常行为符合学校的要求。这包括但不限于课堂纪律、图书馆借阅规定以及网络使用规范等方面。通过这些具体的规章制度，可以有效地引导学生形成积极的学习态度和正确的价值观。

其二，加强监督管理机制也至关重要。通过设立校规校纪委员会，或者引入第三方监管机构来强化对学生行为的监督。这样做能够及时发现并纠正学生的不良行为，如迟到早退、作弊、抄袭等，从而帮助学生养成遵守规则的良好习惯。

其三，培养大学生良好的道德品质同样不可或缺。高校应定期组织道德教育活动，鼓励学生参与志愿服务、社会实践和文化交流，以此增强他们的社会责任感和道德判断力。通过这样的综合措施，可以有效地推动学生从内而外地提升自己的生活质量和道德素养，为他们将来步入社会打下坚实的基础。

(三) 发挥网络平台的优势，营造积极向上的网络文化环境

随着互联网技术的不断发展，网络已经成为大学生学习知识、获取信息的重要途径。因此，高校应该充分发挥网络平台的优势，通过网络平台构建一系列关于美好生活的主题栏目，以此来营造积极向上的网络文化环境。比如，可以开设关于美好生活的专题论坛，将学生关注的热点话题和优秀作品展示出来；还可以开设美好生活主题专栏，邀请一些对美好生活有深入研究的专家来为学生讲解美好生活。与此同时，高校还可以开展一系列有关美好生活的线上线下活动，如举办"我眼中的美好生活"征文比赛、"我眼中的美丽校园"主题摄影展等，以此来吸引更多的大学生参与到这一系列活动中来，以此来营造积极向上的网络文化环境。

此外，高校应充分发挥网络的优势，积极利用新媒体平台，大力开展网上主题活动，宣传社会主义核心价值观和美好生活观教育内容。开展"网络时代大学生美好生活观"专题教育活动，利用"两微一端"、网络平台等新媒体平台，积极宣传习近平总书记关于网络强国的重要思想和关于青年学生成长成才的重要论述，开展"网上中国梦""弘扬和培育民族精神月"等活动，鼓励学生通过网络技术创作系列微电影、微视频、微小说、动漫作品等，展现党和国家在各个领域取得的伟大成就。通过网络宣传平台，展示学校师生在党的领导下取得的巨大成就和光辉历程，展示新时代大学生朝气蓬勃、健康向上的精神风貌。充

分利用网络宣传平台，开展网络舆论引导工作，引导学生树立正确的价值观念、思想观念和生活观念。

高校校园文化建设是一项长期的工作，需要在不断探索中不断前行，要在学生成长成才过程中发挥其应有的作用，培养学生具有正确的价值观和生活观念，让他们在追求美好生活中学会做人、学会做事、学会创造，通过校园文化建设实现对学生美好生活观的价值引领。

高校校园文化建设需要坚持以社会主义核心价值观为引领，以立德树人为根本任务，充分发挥校园文化育人功能。在社会主义核心价值观引领下，探索高校校园文化建设的新模式，加强高校校园文化建设对大学生美好生活观的培育作用。高校应当积极组织师生参与各种实践活动，用中国特色社会主义理论武装师生头脑；要将社会主义核心价值观融入学生思想政治教育工作中，大力开展主题教育活动；要利用新媒体、新技术等多种手段开展丰富多彩的校园文化活动，提高学生的审美情趣和艺术修养；要加强校园文化阵地建设，充分发挥校园文化阵地作用。通过营造良好的校园氛围和环境，促进高校校园文化建设的全面发展。用先进文化引领大学生美好生活观的培育是高校思想政治教育工作的重要任务。

第四节　以社会实践活动为支撑强化新时代大学生美好生活观培育的实践引领

美好生活观是指人们对美好生活的理解和看法，是人们对现实生活的一种价值判断，是人们的精神追求。实践是人类认识事物和改造世界的根本方法，是检验真理的唯一标准。美好生活观的培育离不开实践，而社会实践则是大学生美好生活观形成的重要途径，是大学生体验美好生活的重要来源，也是培育新时代大学生美好生活观的有效载体。通过社会实践活动，大学生可以在体验中学习、在实践中成长、在锻炼中成才，从而感知美好生活、感知劳动价值、感知奉献意义，这有助于大学生更好地认识自然、认识社会、认识自我，从而形成正确的美好生活观，使大学生在实践中从而激发其对美好生活的向往和追求。因此，高校要充分利用社会实践活动这个重要载体，为新时代大学生树立正确的美好生活观提供实践引领。

（一）社会实践活动在培育大学生美好生活观中的基础性作用

美好生活观作为一种理想的生活状态，不仅包含物质层面，还包括精神层面，是对"美好生活"的一种价值判断。美好生活观作为人们对现实生活的一种价值判断，其根本特征是将人的发展与社会的发展相统一，在一定程度上反映了人们对美好生活的向往和追求。因此，社会实践活动作为培育新时代大学生美好生活观的有效载体，具有以下几个方面的作用：

1.通过社会实践活动可以使大学生充分感受到社会发展进步和时代进步所带来的美好生活

通过开展社会实践活动，在具体实践中，应加强社会实践活动的顶层设计和系统规划，充分发挥社会实践活动在培育新时代大学生美好生活观中的基础性作用；以社会实践活动为载体，不断创新社会实践活动形式，进一步增强其实效性；不断提升大学生自身素养和能力水平，为培育新时代大学生美好生活观提供重要保障。

社会实践活动是大学生思想政治教育的重要载体，是大学生学习理论知识、接受思想教育的重要途径，是促进大学生全面发展的重要途径。社会实践活动作为一种特殊的教育形式，其本质是一种在实践中进行教育的活动。它将学生直接置身于现实的社会环境中，在社会大课堂里通过"行"来培养大学生"知"，通过"知"来促进大学生"行"。社会实践活动既可以使学生认识社会、了解社会，又可以使学生在社会实践活动中提高自身素质、增长才干，为大学生步入社会打下坚实的基础。同时，通过开展社会实践活动可以使大学生了解我国当前所取得的伟大成就、经济发展现状以及人民群众最关心的热点问题，进而使大学生感受到自己生活在一个充满生机和活力、充满希望和奋斗、充满力量和梦想的新时代，从而激发他们对未来生活的向往和追求。学生们通过参加社会实践活动，亲身参与到各项工作中去，通过亲身经历对党和国家各项政策有了更加深刻的认识，充分认识到改革开放四十多年来我国所取得的辉煌成就以及人民群众在改革开放进程中所做出的巨大贡献。

2.通过社会实践活动可以使大学生充分了解党和国家各项政策以及我国在各方面取得的成就

社会实践活动作为党和国家重要的思想政治工作形式之一，是青年大学生深入学习贯彻党和国家各项政策以及改革开放以来我国各方面取得的巨大成就的重要途径，也是帮助大学生正确理解"美好生活"的重要载体。

其一，通过社会实践活动，大学生可以了解到党和国家各项政策以及改革开放以来我国在各方面取得的巨大成就，尤其是在中国共产党的领导下，改革开放以来我国取得的巨大成就，如中国特色社会主义道路、理论、制度、文化不断发展进步，我国综合国力显著增强，人民生活水平不断提高等。

改革开放以来，我国在经济领域实现了巨大的突破，经济总量跃居世界第二位，GDP已经连续多年稳居世界第二位；政治方面，党的十八大以来，我国的民主法治建设取得了长足进步，依法治国理念不断加强；文化方面，我国的文化建设成果丰硕，在党的领导下我国文化事业取得了巨大发展；社会方面，我国在脱贫攻坚方面取得了决定性成就，人民生活水平得到了显著提高；生态方面，在党和国家的高度重视下，生态文明建设成效显著，人民生活水平也得到了极大的提升。以上这些成就的取得都离不开党和国家各项政策的支持和引导，也使新时代的大学生深刻认识到我国在各方面取得的巨大成就对于当代中国大学生发展与成长具有重大意义。

其二，通过社会实践活动，大学生可以充分感受到中国共产党在带领全国各族人民实现第一个百年奋斗目标之后，又开启了第二个百年奋斗目标的征程。中国共产党始终坚持以人民为中心的发展思想，始终坚持中国特色社会主义道路自信、理论自信、制度自信、文化自信。通过社会实践活动，大学生可以充分感受到中国共产党对人民群众的深厚感情以及为人民服务的根本宗旨。在党的百年奋斗历程中，一切为了人民、一切依靠人民，是中国共产党永葆青春活力和战斗力的根本原因。党和国家事业不断发展，根本在于始终坚持以人民为中心的发展思想。实践证明，只有牢牢把握住这个"命根子"，才能始终保持同人民群众的血肉联系，才能始终实现好、维护好、发展好最广大人民根本利益。以人民为中心作为发展理念，不仅是新时代党和国家事业发展的基本原则和根本立场，更是新时代中国特色社会主义经济、政治、文化、社会等各项事业发展的基本遵循。社会实践活动是大学生深入基层、了解国情民情、进行国情教育的重要平台。通过参与社会实践活动，大学生可以通过深入基层了解群众疾苦、感受群众情绪，从而更好地掌握群众路线；可以通过与人民群众进行面对面的交流，进一步拉近与人民群众之间的距离；可以通过亲身体验了解社会各阶层对美好生活的诉求和向往，使大学生充分感受到"以人民为中心"发展理念所带来的切实利益和好处。

3.通过社会实践活动可以使大学生深刻体会到社会主义制度的优越性及社会主义道路的必然性

我国的政治制度是中国共产党领导下的人民民主专政，即人民当家作主的根本制度。以马克思主义为指导，在中国共产党的领导下，我国形成了包括毛泽东思想、邓小平理论、"三个代表"重要思想、科学发展观、习近平新时代中国特色社会主义思想等在内的中国特色社会主义理论体系。同时，党和国家不断根据社会发展的需要对理论进行创新。

社会实践活动作为教育教学的重要组成部分，是大学生理论联系实际的有效途径，是提升大学生思想政治素质的重要手段。在马克思主义指导下，中国共产党立足中国国情，从我国实际出发，探索、开辟、形成的一条适合中国国情的发展道路。中国特色社会主义道路是在改革开放 40 多年的伟大实践中走出来的，也是在中国特色社会主义新思想指引下走出来的。社会实践活动作为大学生理论联系实际、提高思想认识水平的重要途径，是提升大学生思想政治素质、巩固马克思主义指导地位、坚持中国特色社会主义道路正确方向的重要手段。因此，通过社会实践活动可以使大学生深刻感受到中国特色社会主义道路是历史发展的必然选择，是中华民族实现伟大复兴的必由之路。只有沿着中国特色社会主义道路继续前进，才能实现中华民族伟大复兴。

(二)以社会实践活动为载体，不断创新社会实践活动形式

社会实践活动是大学生进行社会实践体验、感悟美好生活的重要途径。通过开展社会实践活动，可以帮助大学生深入了解社会、体验生活，帮助大学生更好地认识和适应社会生活，从而使大学生树立正确的人生理想和价值观。

高校应把开展社会实践活动作为培育新时代大学生美好生活观的重要载体，在组织学生参加社会实践活动时，应根据不同专业特点和不同年级学生的认知特点和心理特征，组织开展各具特色的社会实践活动。比如，对于理工类专业学生，应注重开展科技创新、学术调研、科技竞赛等活动，以科技创新和学术调研为主要形式，激发学生创新创造的热情和活力；对于经管类专业学生，应注重开展市场调研、财商服务等活动，以创业就业为主要形式，激发学生对未来美好生活的向往和追求；对于文史哲类专业学生，应注重开展党史学

习教育、中国传统文化弘扬等活动，以党史学习教育为主要形式，激发学生对党和国家的热爱之情。

与此同时，高校还应以社会实践活动为载体，不断创新社会实践活动形式。比如在开展"三下乡"社会实践活动时，可以采用"线上+线下"相结合的方式开展工作；在开展"互联网+"大学生创新创业大赛时可以采用"线上+线下"相结合的方式开展比赛；在开展"三下乡"社会实践活动时可以采取"线上+线下"相结合的方式进行。此外，高校还可以利用网络媒体和新媒体等平台积极宣传社会实践活动的相关信息和经验做法；通过举办大学生运动会、辩论赛、文艺汇演、体育竞技等丰富多彩的体育文化活动或文艺活动来丰富大学生的生活体验。通过这些方式来激发大学生对美好生活的向往和追求。

1. 开展"互联网+"大学生创新创业大赛，激发大学生创新创造活力

近年来，我国高校不断加强创新创业教育，以培养更多具有创新创业精神和能力的高素质人才为目标，着力激发大学生的创新创造活力，形成了各具特色的创新创业教育模式。如某市就推出了"3+X"大学生创业扶持计划，为当地高校大学生提供包括项目培育、创业培训、指导咨询、风险投资在内的"一站式"服务。在实施过程中，某市充分发挥"双创"示范基地和国家级科技企业孵化器的作用，为大学生提供创新创业实践平台，鼓励和支持高校毕业生到企业就业；同时还充分发挥"一带一路"国际合作高峰论坛等重大活动和平台作用，引导高校毕业生到某市重点区域、重点行业、重点领域就业；还鼓励高校毕业生到基层就业、自主创业。在此基础上，他们还建设了全国首个"双创"示范基地，还积极为大学生创新创业搭建服务平台，建立了包括大学科技园、大学生创业园在内的创新创业孵化平台，还成立了高校创新创业学院，整合所在地高校资源为大学生提供全方位服务。通过这些措施，不仅为大学生提供了更多的就业机会和发展空间，而且增强了学生的就业能力和创新创业能力。

2. 开展"三下乡"社会实践活动，提升大学生社会实践效果

大学生社会实践活动是高校对学生进行思想政治教育的重要途径，也是高校在教育教学过程中的重要环节。对于新时代大学生而言，社会实践不仅能够使大学生了解我国经济社会发展的最新情况，而且能够帮助大学生树立正确的价值观和人生观。因此，在高校开展社会实践活动时，应坚持理论联系实际的原则，将社会实践与专业教学相结合，以促进大学生对美好生活的全面认识和

深入思考。比如，在组织大学生参加"三下乡"社会实践活动时，可以通过到农村和社区开展"三下乡"社会实践活动、参加志愿服务活动等形式，为农民群众提供专业服务；通过到工厂企业和大型企业开展"三下乡"社会实践活动形式，为企业发展和社会发展提供专业服务；通过到博物馆、纪念馆等参观学习活动形式，为大学生了解我国传统文化和革命文化提供专业服务。在开展"三下乡"社会实践活动时，应将社会实践与学生思想政治教育相结合，充分发挥社会实践的育人功能，将大学生对美好生活的追求与思想政治教育有机结合起来。

3. 充实大学生运动会、辩论赛、文艺汇演等第二课堂探索，丰富大学生的生活体验

第二课堂作为第一课堂的延伸，是大学生社会实践的重要阵地，以培养全面发展的新时代大学生为支点设计各类有益活动，提升大学生对美好生活的认知。高校可以通过激发主体的能动性和创造性，全面提升大学生素质，提升实践育人实效，通过举办各类大学生体育文化活动或文艺活动来丰富大学生的生活体验。比如，高校可以通过结合学生需求、打破传统教学壁垒举办各类格调高雅的辩论赛、文艺汇演等活动来激发大学生对美好生活的向往和追求。

（三）提升大学生自身素养和能力水平，为培育美好生活观提供重要保障

社会是大学生生活的重要场所，在这个复杂的社会大环境中，大学生要想保持身心健康，必须学会如何与人相处。通过实践活动，大学生可以更好地感知生活，让自己真正融入现实生活中。大学生社会实践活动作为培育新时代大学生美好生活观的重要途径，不仅可以丰富大学生的阅历，还可以提高其自身的素养和能力水平，这为高校开展大学生美好生活观培育工作提供了有力保障。

首先，开展社会实践活动，使大学生在参与实践活动的过程中不断提升其自身的综合素养。社会实践活动是一项有组织、有计划、有指导的系统活动，在这个过程中，大学生不仅要学会如何参与活动、如何组织开展活动，还要学会如何与人沟通交流、如何解决问题等。通过参加社会实践活动，高校可以引导大学生逐步提升其自身的动手能力和组织能力。这些能力水平的提升，对于高校培养高素质人才具有重要意义。

其次，高校教师要积极组织学生参加实践活动。通过这些活动，学生不仅

可以锻炼自己的动手能力和实践能力，还可以了解社会现实。通过参与志愿服务活动，大学生可以在社会中实现自我价值，也可以锻炼自己的社会责任感和奉献精神。通过这种方式不仅能够让学生更加了解我国的发展成就，还能够提高大学生的责任意识。高校思政课教师要积极引导大学生参与社会实践活动，通过实践活动感知生活、理解生活。例如：在社会调查中可以引导学生通过实地考察等方式了解我国的发展现状；在公益宣传中可以引导学生积极参与志愿服务活动；在宣传教育中可以引导学生关注公益事业等。通过这些方式可以帮助大学生形成正确的生活理念，为学生未来的美好生活夯实基础。

最后，社会实践是大学生认识世界的现实舞台，也是大学生培育美好生活观的重要途径。一是要着力涵养大学生在社会实践活动中的探索力，激发大学生创造美好生活的积极性，通过自己的努力来实现自己对美好生活的向往。二是要重视培育大学生在社会实践活动中的践行力，凝练美好体验，养成美好生活感知能力。三是要积极引导大学生在社会实践中的创造力，会解构分析生活中的现实问题，进而不断丰富自身的美好生活阅历。通过这种方式，使大学生在提升生活品质的同时还能更好地实现美好生活的目标。

部分参考文献

[1] 习近平.习近平谈治国理政:第3卷[M].北京:外文出版社,2020.

[2] 中共中央文献研究室.习近平关于青少年和共青团工作论述摘编[M].北京:中央文献出版社,2017.

[3] 李良荣.新时代、新期待:中国人民美好生活观调查报告[M].上海:复旦大学出版社,2019.

[4] 张卫良.大学核心竞争力理论与实践研究[M].青岛:中国海洋大学出版社,2006.

[5] 马克思,恩格斯.马克思恩格斯选集:第2卷[M].北京:人民出版社,2012.

[6] 拉斯.价值与教学[M].谭松贤,译.杭州:浙江教育出版社,2003.

[7] 罗素.教育与美好生活[M].杨汉麟,译.石家庄:河北人民出版社,2001.

[8] 刘济良.生命教育论[M].北京:中国社会科学出版社,2005.

[9] 贝克.学会过美好生活:人的价值世界[M].詹万生,等译.北京:中央编译出版社,1997.

[10] 列宁.列宁全集:第4卷[M].北京:人民出版社,2013.

[11] 列宁.列宁全集:第12卷[M].北京:人民出版社,2017.

[12] 列宁.列宁全集:第41卷[M].北京:人民出版社,2017.

[13] 马克思,恩格斯.马克思恩格斯选集:第1卷[M].北京:人民出版社,2012.